値下げをせずに
競争力の強い
「許認可認証商品」を
ECサイトで
売る方法

堀 雄太 著

セルバ出版

はじめに

　起業、副業、サイドビジネスいずれにしても、その王道の1つであるのが(輸入)物販です。商品を（海外から）仕入れて、諸経費含めて利益が出る価格で販売をする。商売の鉄則が詰まったこのビジネスの魅力は大きいと思います。そういう私自身も、サラリーマンとしての仕事以外に初めて行ったビジネスが物販でした。それまでオフィスで行うBtoBのいわゆるホワイトカラー的な仕事しか経験してこなかった自分にとって、「物が売れる」という感覚はとても新鮮でした。

　しかし、その喜びも束の間、一時的に商品が売れたとしても、売っても売ってもすぐにライバルが現れ、何とかして価格を下げて売れても、結局利益は出ず、むしろ赤字の状態が何年も続く有様でした。

　事態が一変したのは、ワイヤレスプレゼンターという許認可認証が必要な商品に出会ってからでした。この商品は、PSC（消費生活用製品安全法：経済産業省管轄）と電波法（総務省管轄）の2つの許認可認証が必要でした。そのときの認証プロセスなどについて書くとそれだけで別の1冊の本が書けるくらいの話になるので、今回は割愛しますが、この商品は安い原価とそれなりの売価で大変よく売れ、最終的には数百万円で知人を通じて別の方に事業譲渡させていただくなど、かなりの利益を生んだ商品でした。

こうした許認可認証商品の販売経験をもとに、認証代行会社を立ち上げて、現在は数多くの認証業務に携わらせていただいています。特に多いのは、ＰＳＥ（電気用品安全法：経済産業省管轄）で、その他に、前述したＰＳＣ、電波法や、食品衛生法（厚生労働省管轄）などがあります（それぞれの認証内容などについては、後述いたします）。

話を物販に戻しますが、現在、働き方改革や副業・複業の時代という声が強まるなど、物販プレーヤーがとても多くなってきており、私が初めて物販を行った２０１３年の頃から比べると隔世の感があります。また、最近では、中国人を始めとした外国人の物販プレーヤーが増加しており、Amazonなどでは中国人セラー以外を見つけるほうが大変なくらいです。

そうした状態で、小規模レベルで普通に物販をやっている人に勝ち目があるのかという疑問をいつも感じています。ビジネスにおいて重要なことは利益です。どんなに売上をつくっていても、それを上回る経費が掛かっていれば赤字であり、いずれビジネスは破綻してしまいます。そのことは儲からない状態での物販を続けていた私自身が痛いほど知っています。

そこで必要なのはやり方を変えてみる、違うやり方を試してみるということです。そもそも何故、物販で利益が出ないかというと、理由はいろいろあると思いますが、根本的なところとして「皆と同じ（ような）商品を扱っている」という商品問題が原因だと考えています。

この点は本編でも書きますが、仮に、ある雑貨を２０００円で販売し、そこそこ売れたとしても、すぐに１８００円のライバルが現れて、１７００円に値下げ、すると今度は１６００円、それに対抗するために１５００円に値下げ、という悪循環が多発しているのが現在の物販の世界です。それに広告を付けたりしたらさらに利益率は減っていきます。

そういった状況に悩まれている方は、もちろん沢山売ることも大事ですが、そもそも売る商品・仕入れる商品についてもう少し検討してみることをおすすめします。

それは決して珍しくてマニアックな製品ではなく、一般的に売られているけど、扱うために販売以前の段階で知識やノウハウなどが必要な許認可認証の対象となる商品を扱ってみることです。特に多いのが電源コンセントを用いる電化製品、Wi-FiやBluetoothを使う電波製品などです。許認可認証と言われると難しい、よくわからないという拒否反応を示す方が多いと思いますが、その通りです。

正直に言って、許認可認証は難しいです。しかし、難しいからこそ、誰もが参入できるわけではなく、そこにビジネスチャンスがあるのも事実です。そして、その難しさはかなり高いレベルにあると言えます。一方で、本編でもご紹介していきますが、そうした法律をクリアされている方々は、競合の少ない中で有利に物販を展開し、かなり大きな利益を得ていることも確かです。

許認可認証が難しいことの理由の1つに、そもそも認証の法制度が大変複雑になっていること、さらにその情報がわかりやすく伝えられていないことが重なり合っている点です。その原因として、日本の許認可認証製品に関する各種法律は古くから存在しており、成立も昭和20年～30年台、さらにその源流を遡ると、戦前や明治・大正時代に行き着きます。あくまで私の推論ですが、許認可認証が必要になる商品は一部の国内メーカーがつくることを想定されていたのでしょう。なので、内容が難しくても一部のメーカーの人が一生懸命勉強して対応していればよかったのです。

しかし、時代は移り変わりました。もちろん、まだまだ国内生産のメーカーも多いですが、生産の多くは中国を始めとした海外に切り替わり、その技術力も高く、日本国内で販売されている電化製品の多くも海外産です。

そして、現代では、そうした電化製品を個人レベルで輸入してＥＣサイトで販売することが物理的に可能な時代になりました。昔の法律制定時には夢想だにしなかったであろうことが現実となっています。ただ、法律自体は変わらず施行されていますので、小規模の輸入（販売）事業者でも法律を読み解き理解する必要があります。

さらに、海外製となると日本の規格との適合という課題も増え、その内容が難しくなってきます。そうなってくると、変化の早いこの時代に法律の理解に時間をかけてはいられないという状況になっています。

手前味噌で恐縮ですが、本書を手に取った方は大変幸運だと感じています。何故ならば、当社は認証代行会社として、数多の相談・案件をこなし、物販プレーヤーのみならず、中小・中堅企業、スタートアップ企業、東証一部上場企業様など幅広い顧客を有しております。言うなれば、許認可認証の勘所を押さえ、事業者として最低限押さえておくべきところをわかりやすくご説明できるのが当社の強みとなっています。

本書では、紙幅の許す限り「許認可認証をするうえで知っておくべき点」を惜しみなく記載しています。文中で説明や資料が重複する箇所もありますが、それは同じ内容でも角度を変えた解説が必要であるためだと、予めご了承ください。

ぜひ何度も繰り返して本書の内容を学んでいただき、ライバルが少なく利益率の高い許認可認証の必要な商品を扱えるようになり、ＥＣサイト運営の業績向上にお役立ていただけましたら幸いです。

２０２３年６月

堀　雄太

第3章　実際に許認可認証を進めるためにしなければならない準備

第4章　許認可認証を進めるうえで中国工場の協力は不可欠！

第5章　具体的にどんな試験をするのか把握しよう

〔ＰＳＥ編〕

第6章　認証試験以外の法制度も理解しよう

〔ＰＳＥ、ＰＳＣ編〕

第7章　許認可認証に関するこぼれ話

第1章

なぜ今、ＥＣサイト販売で許認可認証が必要なのか

1　そもそも許認可認証とは何なのか？

本書では、ＥＣサイト物販において大きな利益を生むために許認可認証が必要な商品を扱いましょうとお伝えしていますが、そもそも許認可認証という言葉自体が聞き慣れないものかもしれません。

まず許認可認証とは何なのかをご説明していきます。許認可認証はその対象物によって意味合いも変化してきますが、本書で扱うのは家電製品などのプロダクト系の許認可認証となります。

■国家で定められた安全基準

電源コンセントを用いる電化製品、「はじめに」でご紹介したレーザーポインターなどの危険物製品、Wi-Fi や Bluetooth などを用いる無線電波製品などは、何の安全検査もせずに市場に流通させると、それを使用したユーザーが事故に遭ったり、社会の安全性を脅かす可能性があります。それに関する行政（法規制など）を国家（各管轄省庁）が行っています。

そうした許認可認証は昨日今日つくられたような法律ではなく、明治維新以降に日本が近代化する中で、欧米諸国の機械技術に追い付け追い越せとそのノウハウを取り入れていき、自国の産業発展に合わせて日本独自の形にカスタマイズしていきました。

機械生産（技術）と安全基準（法律）は表裏一体であり、その両方があって初めて産業は発展していきます。機械もつくりっぱなしではなく、その安全性を第三者の視点で確認することが求められます。それが許認可認証です。

■電気商品、危険物商品、電波商品、食品機器など

日本の安全を守るために数多くの許認可認証が存在しています。そしてそのほとんどが日本独自の規格になっており、国内メーカーであろうと海外メーカーであろうと、すべからくその法律をクリアする必要があります。

しかし、冒頭で申し上げたようにその法律内容がとても難しく、わかりやすく説明してくれる存在が少ないのが今の日本の現状です。

■日本のECサイトなどには違法品があふれている

電気用品はPSE、危険物製品はPSC、無線電波製品を正規に販売するには図表1のようなマークを表示する必要があります。PSE、PSC商品については、マークの他に製造もしくは輸入事業者名や、製品の定格情報なども一緒に表示する必要があります。

一方、最近では管轄省庁やECサイト側の取締り強化の影響でその数は減ってきていますが、まともに日本の許認可認証試験を受けていない、販売するために必要な行政手続を正しく行っていな

い事業者がまだまだ存在しています。こうした人たちはすぐに取締り対象になるでしょうが、許認可認証の対象になる商品はニーズが高いのも事実です。

本書では、複雑になりがちな許認可認証に関する知識・情報をできる限りわかりやすくお伝えしていきます。

2　小規模事業者でも許認可認証はできる！

■１を聞いたら１だけ返ってくる

「許認可認証」と聞くと、「難しい、自分には無理だ」と即座に情報をシャットダウンしてしまったり、ネットで情報検索をしてみても、小難しいことが書かれている経済産業省や総務省など主な管轄省庁や検査機関などのページに行き着いて、そのまま諦めてしまうということが多いかもしれません。

何とか一念発起して、経産省や総務省、各種行政機関など直接に問い合わせようとしても、そもそも何から聞いたらいいかわからず、結局、二の足を踏むことになってしまいがちです。

「はじめに」で書いたように筆者自身もワイヤレスプレゼンターの許認可認証を行いましたが、その際、変に質問をしたらやぶ蛇になってまだ何もしてい

【図表１　PSE マーク /PSC マーク / 電波法（技適）マーク】

ないのに目を付けられてしまい、マークされる対象になってしまうではないか、という恐怖感を抱いたこともよく覚えています。もちろん、決してそんなことはありません。

しかし、管轄省庁や担当行政機関、検査機関などは丁寧に質問者の意図を汲み取って、1を聞いたら10返ってくるようなことはありません。むしろ、1を聞いたら2も3も返ってこず、1だけ返ってくるイメージです。

■ちょっと問い合わせても満足のいく回答はもらえない

それは意地悪をしているわけではなく、公的機関は広く公平に情報提供しなければならないという決まり（不文律ともいう）があるので、一人に対して、ある意味コンサルティングをするような回答はしてくれません。まずは相手方のそうしたマインドを知りましょう。何にも調べずに電話やメールをしても本当に欲しい回答は得られないでしょうし、経産省に連絡してもよくわからなかったという方が多いのはそうしたことに原因があります。

逆に、自分で調べ込んだ内容を確認するような質問をすると、かなり有益な情報や見解を得られることがあります。向こうには質問をされたことには回答する義務があるのです。

ここで重要なこととして、決して小規模事業者だから軽くあしらわれているということではなく、単に知識や情報が不足しているので話にならない、というのが正しい解釈です。申し上げたように、公的機関は広く公平ですので、きちんとした質問ができればきちんとした回答が返ってくるのです。

■小規模事業者こそ自ら情報武装が大事

許認可認証に関わらずすべての仕事において同じことですが、仕事を進めていくうえで大事なことは、自ら調べて適切な情報を得ることです。

しかし、許認可認証に関しては、その情報収集が極端に難しいという問題があります。なぜならば、「事業者が許認可認証をするためにはどうしたらいいのか」という視点での情報が、ウェブでも関連書籍でも見当たらないからです。

そうした中で、許認可認証ついて調べる時間や、調査費用などのコストが掛かるかもしれません。だからと言って、小規模事業者だから許認可認証はできない、ということとイコールにはなりません。そうしたマインドは捨てるようにしてください。むしろ情報さえあれば、誰しもが一歩踏み出せるものです。

本書では、最初にワイヤレスプレゼンターの許認可認証で苦労した筆者が、許認可認証では躓くポイントはどこかにあるのか、という視点で解説を進めていきます。

3　物販で本当に利益は出ているのか？　薄利多売の限界⁉

個人で物販コンサルを名乗る人には要注意

小規模事業者でも、適切な情報収集ができれば許認可認証はできるというマインドは持っていただけたと思います。次に、読者の皆さんも薄々気づいていらっしゃるかもしれない、物販ビジネスの闇に切り込んでいきたいと思います。

他社を攻撃するようで恐縮な部分もありますが、あくまで事実ベースの話としてお聞きください。変化が激しく終身雇用が厳しくなってくると言われる時代に、副業熱がサラリーマン・主婦層などに高まり、物販を教える側も、躍起となってその需要を取り込もうしてきます。

「始めてたった3か月で月商50万円！」とか、「5か月100万円！」とか、「いきなり10万円！」など景気のいい数字が並び立てます。その言葉に魅了され、物販を始めてみるもなかなかその数字に辿り着きそうもない、目標数字に達しつつも掛かる経費がそれ以上発生している、というは経験をしたことはありませんか？

疑問に感じてコンサル側にそのことを質問してみても、「最初は（赤字になっても）売上をつくることが大事」とやり込められる始末。最初から黒字になるほうが難しい部分があることも理解できますが、だったら最初からそのように説明してくれればいいのにと、物販を開始した当時の筆者はそのように感じていました。今ではそうしたこともきちんと説明してくれる良心的なスクールも多いようですが、個人で物販コンサルを名乗っている人には特に注意が必要です。

■安易な差別化（ロゴ、ブランド）は役に立たない

話は逸れましたが、物販人口が増えていくと、「はじめに」でも書いたように、当然同じ（ような）

ものを扱う事業者も増えてきます。その中で勝ち残るにはより一層の値下げや広告展開、過剰なアフターサービスを強いられることになり、結局、本当に利益が出ているのかわからない状態に陥ってしまうことが多くあります。

値下げ競争に巻き込まれないためにも、ロゴやブランド名の商標を取って差別化を図っていきましょうと教える方もいらっしゃいます。それ自体は否定しませんが、実のところ、それは筆者が物販を始めた10年前くらいから既にあった手法で、大手メーカーと似たような製品を中国からノンブランドで輸入する際に、自社のロゴとか付けたらカッコいいよね、というレベルの話です。

現在のAmazonでは、ブランド登録をしないと相乗りされる懸念があるということですが、それは販売者側の都合であって購入者には関係ありません。また、購入者にとっては、有名でもなんでもない販売者のロゴやブランド名に対して特にインセンティブを感じていないのが、率直な印象ではないでしょうか。

継続的な販売には、もっと抜本的な差別化が必要でしょう。

■物販コンサル、スクールで教えられない許認可認証ノウハウ

許認可認証という差別化をするために絶好なノウハウの1つがあるのにそれを教えないという物販を教える側への疑問もありますが、根本的にモノを売る（物販）ノウハウと許認可認証のノウハウは全く別物です。なので、物販コンサルの方々に許認可認証を教えてほしいと言っても無理な話

です。「電源コンセントを使うもの、無線電波を発するものなどは扱わないようにしましょう」と回答するのが精一杯です。そういった背景も把握するようにしてください。

4　ECでの家電品販売規模について

そもそも、ECでの家電品販売はどのくらいの規模になっているのか見てみましょう。

■家電市場はある程度のお金を出せば参入できる伸び盛りな希少市場

2021年の数字ですが、EC市場規模13兆2865億円のうち、生活家電関連は2兆4584億円あり全体の19％を占めています。

個人ベースでEC物販をやると考えると、分類①の食品、飲料、酒類というのは自分で開発をするのは難しく、よくて既製品の転売のみでしょう。③書籍、映像・音楽ソフトや④化粧品、医薬品、⑦自転車、自動二輪車、パーツ等も同じことが言えます。

そうすると必然的に、個人ベースの方は、②生活家電、AV機器、PC・周辺機器等の中で許認可認証が要らないもの、⑤生活雑貨、家具、インテリア、⑥衣類・服飾雑貨等などになります。⑤の家具もサイズを考えると、扱うのは難しいかもしれません。

このように考えると、物販で扱えるものは意外に少なく、その中で多くの方がしのぎを削ってい

【図表２　物販系分野の EC 市場規模】

物販系分野の B to C - EC 市場規模

分類		2020年 市場規模（億円）※下段：前年比	2020年 EC 化率	2021年 市場規模（億円）※下段：前年比	2021年 EC 化率
①	食品、飲料、酒類	22,086 (21.13%)	3.31%	25,199 (14.10%)	3.77%
❷	生活家電、AV 機器、PC・周辺機器等	23,489 (28.79%)	37.45%	24,584 (4.66%)	38.13%
③	書籍、映像・音楽ソフト	16,238 (24.77%)	42.97%	17,518 (7.88%)	46.20%
④	化粧品、医薬品	7,787 (17.79%)	6.72%	8,552 (9.82%)	7.52%
⑤	生活雑貨、家具、インテリア	21,322 (22.35%)	26.03%	22,752 (6.71%)	28.25%
⑥	衣類・服装雑貨等	22,203 (16.25%)	19.44%	24,279 (9.35%)	21.15%
⑦	自転車、自動二輪車、パーツ等	2,784 (16.17%)	3.23%	3,016 (8.33%)	3.86%
⑧	その他	6,423 (16.95%)	1.85%	6,964 (8.42%)	1.96%
	合計	122,333 (21.71%)	8.08%	132,865 (8.61%)	8.78%

物販系分野内での各カテゴリーの構成比率

（単位：億円）(% は構成比率）

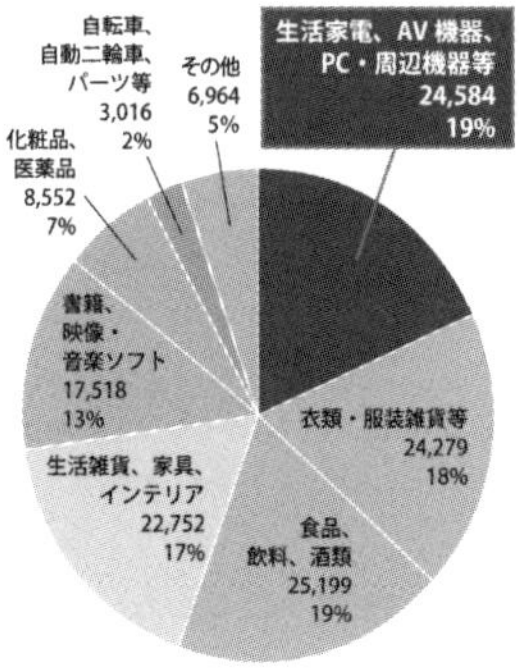

引用：経済産業省＿令和３年度 電子商取引に関する市場調査 報告書

るのですが、家電市場はある程度のお金と許認可認証に関する知識・情報さえあれば新しい分野として進出ができるわけです。

■許認可認証商品で高利益販売をしている小規模事業者事例（当社顧客）

事例①カー用品関連事業・Yさん

Yさんは中国工場生産の車向け電動工具を２万７５００円で販売。仕入れ価格は45ドル（約６０００円）。そして、発売開始２日から30台販売しました。コンスタントに毎月１００万円程売り上げる。ライバルがいない状態で珍しい商品ということで、ＳＮＳに取り上げられる機会も多いそうです。

ものすごい利益率ですね。ライバルが少ないと価格も自由に決められるようになってきます。

事例②理美容家電販売・Sさん（理美容関連の電気用品）

図表３の売上グラフを提供いただきましたが、売れている個数が安定的です。

5　仲間と許認可認証製品をECシェアして市場を取りに行く

■他の事業者と販売先を分けて許認可認証をシェアする

１人で売上を独占する他に、他の事業者さんと販売先を分けて許認可認証をシェアするというやり方もあります。これは当社のお客様の事例ですが、大変ユニークなのでぜひ紹介させてください。

ＥＣサイトというのは便利なもので、１回出品してしまえば、全国津々浦々すべてのユーザーが一様に購入することができます。便利である一方で、常に価格の比較にさらされることになります。例えば、同じAmazonで販売していたりすると、そこには競争しかありません。

しかし、販売サイトを棲み分けすることで価格競争から免れることができ、それぞれのサイトで優位性を保ちながら販売を続けられるのです。

【図表３　理美容家電販売・Ｓさんの売上グラフ】

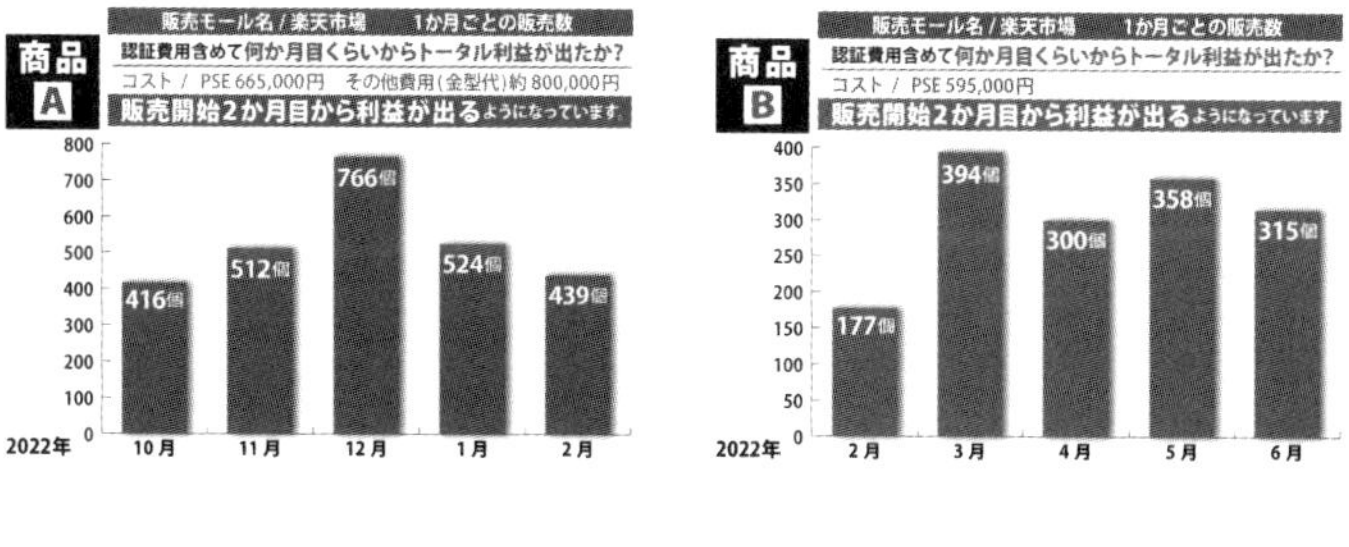

■許認可認証商品で競業より協業を目指す

ネットで何でも検索できる時代にそれって意味があるのか、と思ってしまうかもしれませんが、必ずしもそんなこともありません。ご存知の通りＥＣサイトごとに特色というものがあり、Amazonで売れやすいもの、楽天で売れやすいもの、ヤフショで売れやすいもの、自社サイト（DtoC）で売れやすいもの、それぞれ傾向があります。

例えば、商品単品自体ではAmazonのほうが安いかもしれませんが、楽天で買えばポイントが貯まるので楽天で買うとか、DtoCサイトで購入したらそのショップのポイントが貯まったりするなど、いろいろ独自性があります。また、場合によってはアスクルのようなBtoB向けサイトへの出品も検討できます。

ＥＣ（ネット物販）の世界では自分以外は全員敵だと思っている方も多いと思います。もちろん、それ自体は間違いではないのですが、実はこうした協業もあり得ます。ただ、それも誰もが扱っているありふれた商品でやっても意味がありません。

基本的に、協業している人間同士でしか扱っていない希少性のある商品であることが前提で、まさに許認可認証商品がうってつけ。面白いもので、１つのサイトでどんなにたくさん売っても天井があり、その場合、販売するＥＣサイトを複数にする必要があります。そうした際、許認可認証で参入の壁をつくると大変有利になってきます。

■許認可認証の商品をシェアするときのポイント

許認可認証は、例えば、日本の輸入事業者A社、B社の2社でその検査費用を出し合っても、認証の権利は中国などの生産工場に付与されます。また、認証の申請ができるのは1社のみとなります。

しかし、PSEなどの電気用品の事業届はその2社双方がそれぞれ行うこともでき、問題なく販売もできます。電波製品に関しては、事業届自体も不要で付与された電波法番号を表示すれば2社どちらでも自由に販売できます。

許認可認証する会社同士での取り決めはかなり重要になってきますが、手続さえキチンと行っていれば法的に問題はありません。決して、許認可認証の申請をした事業者でしか販売できないわけではないのです。こうしたことを行う段取り・ノウハウも勉強していってください。

ただ、シェアする事業者さん同士で、ちゃんと契約や段取りを踏まないと後から揉める可能性もあるので、その点は注意するようにしてください。

6　経済産業省が海外違法家電の取り締まりを強めている

2023年2月26日付の日本経済新聞（ネット版）に「違法な海外家電の規制強化、経産省検討事故多発で」というタイトルの記事が掲載されていました。

『安全証明がない違法な海外家電による事故が多発しているとして、経済産業省が規制強化に乗りだす。電子商取引（ＥＣ）サイトで手軽に購入できるモバイルバッテリーなどの事故が目立つ。販売元を特定しにくく事故が起きた際に賠償責任を問えないケースもある。欧州連合（ＥＵ）の規制案も参考に、今夏までに具体策をつめる』

■取締り強化の影響は当然日本人業者にも及ぶ

主にAmazonなどのＥＣサイトで電気用品を販売している海外事業者が対象ということですが、たしかにその違法販売は相当量に及びますので、ぜひこの機会に取り締まってもらいたいと思います。

しかし実は、この話は日本人事業者の方にとっても大変です。経産省が海外事業者を取り締まれば、必然的に違法販売している日本人事業者も目に入るようになるので、法令順守はさらに注意する必要があります。

海外違法家電の大きなポイントは、違反が発生した際にユーザーや経産省などは、相手は海外にいるため、何か事故などがあった際にも、その事業者に対して連絡や取締りができないことです。

そうすると、ユーザーは泣き寝入りするしかありませんので、おそらく経産省はそうした違反業者の販売ページをどんどん削除していくことになるだろう、と予測しています。

■そもそも摘発対象は販売事業者であり、ＥＣサイトは基本的に無関係が原則

ここは重要な点ですので、ぜひ押さえておいてください。経産省が管轄しているＰＳＥ電気用品安全法、ＰＳＣ消費生活用製品安全法では、次のように定められています。

『（当該製品の）製造又は輸入、及び販売の事業を行う者は、ＰＳＥ・ＰＳＣマークが付されているものでなければ、これらを販売し、又は販売の目的で陳列してはならない』

しかし、この内容はあくまで販売事業者に対する規制であって、それらを販売するための場所（リアル店舗、ＥＣサイトなど）を提供する側に対しての規制ではありません。

例えば、Amazon や楽天などのＥＣサイトでどんなに違法品が売られていたとしても、ＥＣサイト側そのものへの規制は法律上一切ありません。ＥＣサイト側としても、取り締まる義務がないのが実際のところです。「はじめに」でも書いたように、法律が古いのでＥＣでの違法品販売をついて法律が追い付いていない印象もあります。

しかし、ＥＣサイト側も、自社で販売されている商品が違法品ばかりではイメージが悪くなる一方なので、当局への協力の姿勢を見せ始めています。

■いずれにしても淘汰が始まっている

取締まり強化は日本人事業者にとっても追い風でもあり、向かい風でもあります。（違法）海外勢がダメージを受ける一方で、自分たちに対しても追及の目は厳しくなることは必然です。

ＥＣの世界で脅威なのが、ＥＣサイト側に対して、経産省などの省庁が本気で強く言って取り締まった一瞬で消される可能性がある点です。

結局のところ、真面目に法令順守するしかありません。

7　強まる経済産業省のネットパトロール

■実は経済産業省などの省庁はＥＣサイトの確認をしている

では実際に、経済産業省がどのように取締りを強めているのかを見てみましょう。

今まで、許認可認証の必要がない一般品の販売が主だった方はピンと来ないかもしれませんが、実は経済産業省などは自身が管轄している分野の規制対象品の取締り（パトロール）を定期的に行っています。誰がその摘発の対象になるかわかりませんので、安易に規制対象となる製品を販売してしまわないように注意しましょう。そうした前提のもと、経産省が発表している資料について見ていきましょう。

図表４にある「電安法」というのがＰＳＥ電気用品安全法のことで、「消安法」というのがＰＳＣ消費生活用品安全法のことです。

経産省では、この他にガス事業法（ガス事法）と液化石油ガスの保安の確保及び取引の適正化に関する法律（液石法）の４つを製品安全４法として、それぞれの事業運営（取締り）を行っています。

■数が多い分、ＰＳＥ（電安法）の取締りが多い

グラフではインターネット販売における製品４法に該当するそれぞれの製品の違反件数が掲載されていますが、「電安法（ＰＳＥ）」がダントツで一番になっています。

経産省では、それまで試買テストと呼ばれる、（リアル）市場から規制対象製品を買い上げ、基準適合状況を確認する事業を行っていましたが、令和２年（２０２０年）11月より、ＷＥＢサイト上の出品者へ法令遵守状況の照会を行うネットパトロール事業を開始。令和３年では３１２件の違反事例のうち１７９件をネットパトロールで摘発し、速やかな出品削除につなげたとしています。

数多くの違反事例を目にしている私の見解として、その対応（処罰）内容は、単純な商品削除だけで許されるのか、製品回収まで求められるのかは内容次第なので、やはり違反をしてはいけません。実際当社のお客様で違反をした際に商品回収まで要求され、再度、許認可認証をされていた方もいらっしゃいました。

いずれにしても、ＥＣサイトは違法品を安易に販売できない環境になりつつあり、だからこそ、正しくやった事業者が有利になる時代になってきているのです。

また、本書では経産省や総務省などの管轄省庁の取締りが強まっているから、ちゃんと許認可認証をしましょうという書き方をしていますが、根本として何よりまず一番に大事にすべきところは商品を購入するお客様（エンドユーザー）の安心・安全です。許認可認証が必要な商品を扱うということは安心・安全まで配慮すべきありますし、それをクリアした事業者から成長していくのです。

【図表４　インターネットを通じた違反品販売の現状】

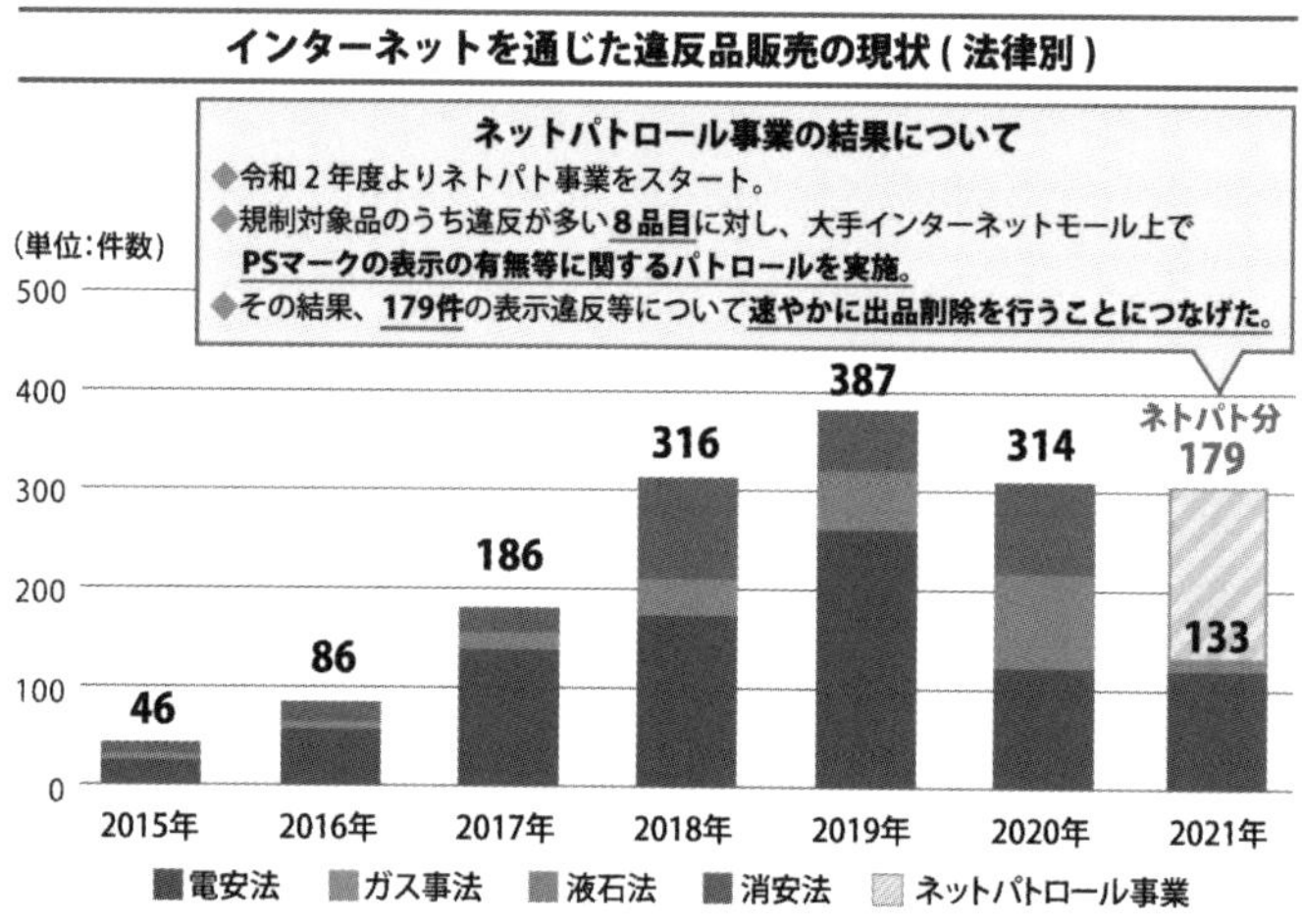

インターネット販売における違反件数の推移(販売形態別)

(単位:件数)

	2015年	2016年	2017年	2018年	2019年	2020年	2021年
モール	33	68	149	300	365	294	115
自社HP	13	18	37	16	22	20	18
合計	46	86	186	316	387	314	133

出典：経済産業省資料＿消費生活用製品の安全確保に向けた製品安全４法を巡る課題・論点（令和５年１月17日）

8　許認可認証は縦割り世界、各管轄省庁がそれぞれ対応している

■電波法・食品衛生法の規制

これまで経済産業省によるＰＳＥ、ＰＳＣに関する取締りの情報をお伝えしてきました。ここで1つ思い出していただきたいのですが、はじめにで書いたように日本国内には多様な許認可認証が存在しています。本書でもＥＣサイト販売（一般小売り）に関係しそうな許認可認証をご紹介していくつもりです。

その中の代表格としてＰＳＥやＰＳＣがあるのですが、その他にも、Wi-Fi や Bluetooth など無線電波を発する商品を規制する電波法（総務省管轄）、人間の口に触れる（入れる）商品を規制する食品衛生法（厚生労働省管轄）があります。

実はこれらは先述した経産省の取締まり対象の中には含まれていません。省庁の仕事は縦割りとなっており、経産省がすべて許認可認証未対応の違法品を見ているわけではなく、それぞれの管轄省庁がそれぞれに規制をしています。まずはこの事実を把握しておいてください。

■電波法違反は販売事業者ではなくユーザーが罰せられる法律

詳しくは後述しますが、実は、電波法違反を犯しても販売事業者は罰せられません。

【図表５　左：駅構内広告　右：電車内広告　筆者撮影】

よほど悪質であったり、大規模および社会的な影響が大きい違反となると、管轄の総務省も注事業者に対して注意勧告を行うことがありますが、ECサイトで販売している規模では総務省は個別には動きません。というか、法律上において動けません。

一方で、「電波法違反」というものへの社会の嫌悪感も強く、「コンプライアンス」という側面から市場から強制退場を迫られることもよくあります。

ちなみに、写真は筆者が以前に、電車内や駅構内で撮影した違法電波取締りに関する広告です。よく見ると、「違法電波製品を使わないでください」という訴求になっており、罰則対象者が販売者なのか、ユーザーなのかが正直よくわからない内容です。

個人的な見解としては、取り締まるのであれば販売者も規制したほうがいいと思うのですが、現在の日本の法律ではそのような制度になっています。

■食品衛生法を違反していると輸入通関で止められて全品廃棄になる可能性もあり

一方、フライパンや鍋、カトラリー全般の他、ミキサーや炊飯器などの調理家電、ウォーターサーバーなど食品が（人間の口に）触れる器具は、食品衛生法試験が必要です。

ＰＳＥや電波法などは製品に認証マークを表示することになりますが、食品衛生法ではそのような表示がありません。正直、ＥＣサイト上では識別がつきづらいですが、検査したものでないと輸入通関が通らずその時点で全品廃棄されてしまう可能性があるので、そういう意味で他より厳しいとも言えます。

9　Amazonなどのサイト側でも許認可製品の出品規制が強めている

■ＥＣサイト側に罰則はないのが大前提

各許認可認証製品においてそれぞれの事情を説明してきましたが、ＥＣサイト側の動きはどうなのでしょうか。

まず大原則として、先述したように現行法においては、販売場所を提供しているＥＣサイトには何らの罰則および義務は発生しない、ということになっています。そうした中、経済産業省は、先述したネットパトロールと併せ、取締事業の１つとして、各ＥＣサイトへ自身の管轄であるＰＳＥやＰＳＣの違反品の出品削除や出品前事前審査などの協力の要請を行っています。

【図表６　ネット販売製品の違反への対応】

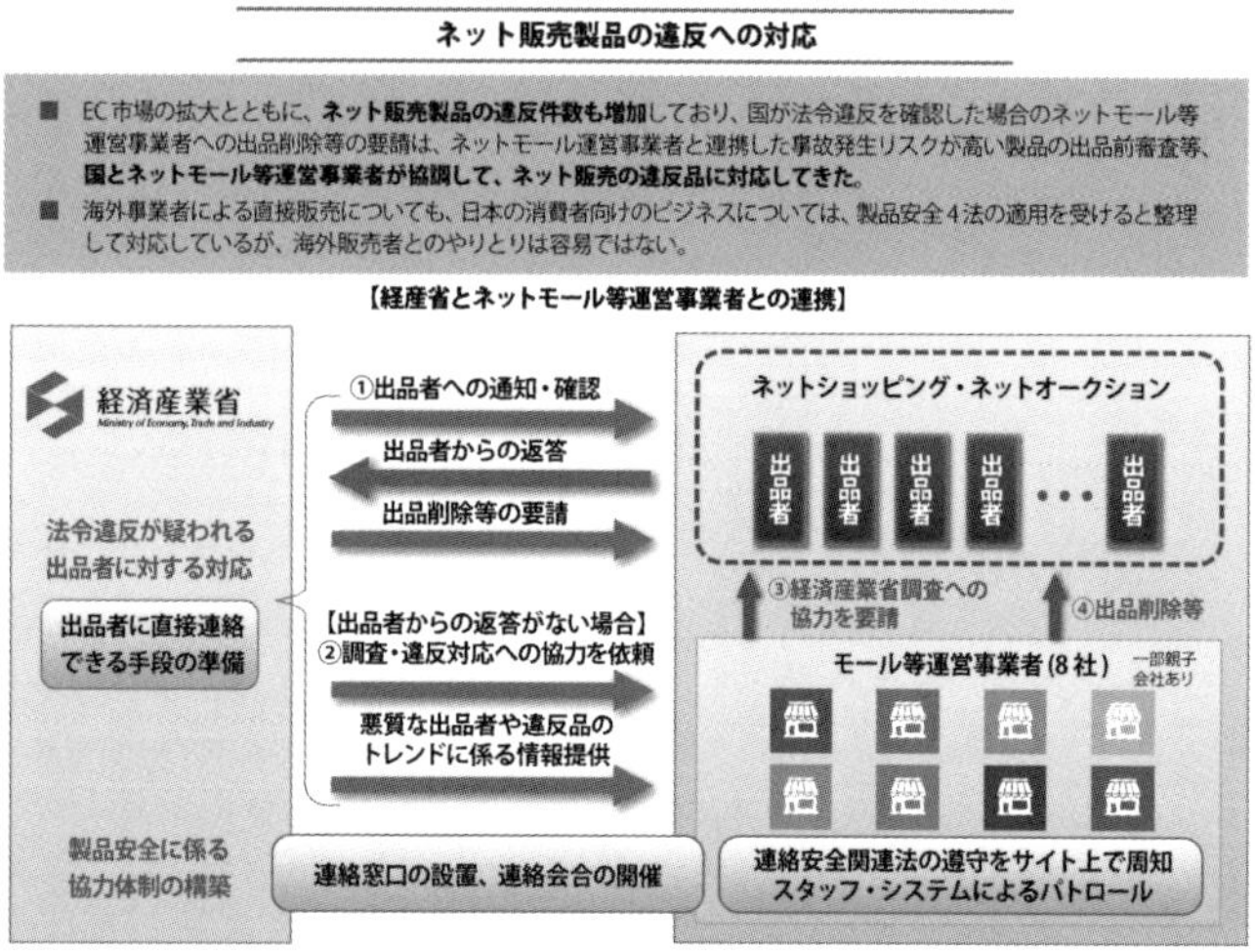

出典：経済産業省資料＿消費生活用製品の安全確保に向けた製品安全４法を巡る課題・論点（令和５年１月17日）

■ＥＣサイト側もコンプライアンス向上を目指し、自浄努力を始めている

繰り返しになりますが、ＥＣサイト側に許認可認証していない違法品の出品規制をする義務はありません。

しかし、違法品ばかりが溢れるようになると、世間から違法サイトとして認識されるようになり著しいイメージ低下につながってしまうことも避けられません。

昔からある家電量販店などのリアル店舗では、知識のあるスタッフが揃っていますし、出品しているのも許認可認証を理解している中堅・大手メーカーばかりなのでそれほど問題はないかもしれません。

一方で、ＥＣサイトでは、販売とい

うよりはWEBシステムのプロが多く、自身での許認可認証の徹底理解には時間がかかるでしょうし、許認可認証を理解していない小規模事業者、新興事業者、海外事業者がひしめき合っているわけで、取り締まる側も大変でしょう。しかし、イメージの低下は企業にとって死活問題であることも事実ですので、鋭意取り組んでいる様相です。

資料では、経産省（PSE、PSCなど）の協力要請となっていますが、他にも総務省（電波法）からも協力要請は行っているようです。一方、ECサイト（小売り）だけではなく、CF（クラウドファンディング）のプラットフォーム企業Makuakeなども、PSE、PSC、電波法などの許認可認証がされていない商品のプロジェクトは実施しないなどと、法令順守の姿勢を明確にしています。

10　取締りが強まる一方、許認可認証の方法がイマイチわかりづらい

■何をしていいのかさっぱりわからない

ECサイトの出現で、日本の法律を知らない国内外事業者によってこれまでは考えられないくらいに違反品が増える中で、社会全般的に違法品販売を許さないコンプライアンス遵守の姿勢が強まっています。

しかし、実際にどのように許認可認証試験をして、どのように行政手続をすればよいか、明確な

マニュアルなどが存在しないのも確かです。

当社へお問い合わせいただく方からも、「何をしていいのかさっぱりわからない」という声が多く寄せられています。

■最大の理由は圧倒的な情報格差

その理由として、「はじめに」でも少し書いたように、その最大の理由は個人的に「圧倒的な情報格差」だと感じています。

①そもそも許認可認証をする機会が人生においてほとんどない

メーカー担当者であれば話は別でしょうが、世の中の大半の人にとって許認可認証なんて実に縁のない話です。よって、世の中にも出回っていない情報であり、当事者になってみて初めて情報収集を始めることになります。

②情報が点在し過ぎている

許認可認証ごとに管轄省庁が違ったり、同じ省庁であっても許認可ごとに全然違うページで展開されていたりと、調べるほうは一大事です。さらに、同じ1つの許認可認証の中でも、行政手続（法制度理解）と製品検査は全く別問題です。特に、製品検査は専門技術者が必要です。

③知識・情報がないので検査機関を選べない

食べログなどのような比較サイトなどはありませんので、どこの検査機関がいいのかわかりませんし、見積り自体もなかなか出てきません。

深掘りすればもっといろいろ要因が出てきますが、大枠としてはこのようなイメージです。ＤＸやらＡＩやら時代が物凄いスピードで進んでいる一方で、まさに対極にあるのが許認可認証の世界だと言えます。しかし一方で、法律はちゃんと理解して、取り組む必要があります。

■さっぱりわからないことを理解して実行を求める省庁の言い分

もちろん、問い合わせれば柔軟に対応してくれる方がほとんどですが、中にはそうではない対応をされる方もいらっしゃり、根本的には自分で調べるべきだと思っているのが管轄省庁のマインドだと感じています。

もう少し踏み込んで言うと、例えば、経済産業省の方もずっと同じ部署・担当に留まっているわけではなく、数年おきにジョブチェンジ（異動）があり、担当の方も変わっていくので、どうしても対応内容（判断内容）も属人的にならざるを得ない部分が出てくる可能性も十分にあります。決して文句を言っているわけではなく、現状認識として書かせていただきました。

片やで取締りを強め、片やで自分で調べてちゃんとやりましょう、というある意味で放置プレイのような世界。これだから許認可認証なんてしたくないと考える事業者の方も多いかもしれません。しかし、だからこそしっかり学べばこそビジネスチャンスが存在し、それをクリアしていければどんどん有利になっていくのです。

■必ずしも必要ではない認証試験はしないというスタンスも大事

一方で、許認可認証というのもそれをしないと販売ができない強制認証と、やるに越したことはないけど販売するために決して義務ではない任意認証というものがあります。本書で扱っているのは前者ですが、後者で言えば、代表的なものとしてＳＧマークやＪＩＳなどがあります。ＪＩＳは法制度上、強制認証にならざるを得ない場合もありますが、基本的にこれらは任意認証です。

他にも製品の性能に関する評価試験などもありますが、それらも基本的には任意認証です。繰り返しになりますが、これらの試験をやるに越したことがないのは事実ですし、試験結果による情報が少しでも多ければ販売時に有利になりますし、お客様の安心・安全にもつながります。ただ、大事なことはそれが強制認証なのか、任意認証なのか、を見極めて適切な対応をしていくことです。

当社にも「この製品には許認可認証が必要ですか？」という質問がよく寄せられます。ほとんどは対象有無がすぐにわかるものが多いですが、本当に細かく調べないとわからないものも存在します。この判断は難しく管轄省庁に問い合わせしたり、何度もやり取りが必要になるケースもあります。「とりあえず試験しておきましょう」と提案してくる業者も存在すると聞いたことがありますが、事業者にしてみれば、とりあえずで試験のお金を支払っていたらたまったものではありません。払うもの払う、必ずしも払う必要がないものは一度検討する、というスタンスが重要です。

ぜひ本書で許認可認証ついて学んでいただきまして、適切な情報を持って、誰よりもスムーズにスピード感を持って許認可認証を進めていっていただければ幸いです。

第2章

ＥＣ小売り関連で必要になる主な許認可認証とは

〔ＰＳＥ（電気用品安全法）編〕

１　電気用品を発売するには、所定の検査と手続が必要

■電源コンセントを使う製品は必ずＰＳＥマークの表示が必要

ＥＣ販売でメインになる許認可認証の商品を見ていきましょう。少し説明が続きますが、ここを押さえておくとかなり有利にビジネスを進められますので、ぜひ付いて来てください。

まず代表的なのが、電気用品安全法、通称ＰＳＥです。ご家庭やオフィスには電源コンセントを使う商品は数多いと思います。ドライヤー、扇風機、エアコン、テレビ、電子レンジ、空気清浄機、乾燥機などなど数えたらキリがありません。また一般に目にするもの以外でも、電源コンセントを使う製品は必ずＰＳＥマークを表示しなければなりません。一部例外もありますが、基本的にそのように考えます。

■ＰＳＥマークを表示するためには

管轄する経済産業省が定めた各電気用品のそれぞれの技術基準に則

【図表７　PSE マークと電化製品】

った試験・検査を行い、その安全性を確認したうえで、経済産業省に事業の届けを行う必要があります。勝手にＰＳＥマークを表示してはならず、所定の検査や届けを経て初めて表示ができるのです。ただ、特にその検査がとても複雑になっています。

ちなみに、ＰＳＥとは、Product Safety Electrical Appliance and Materials の略称です。

■経済産業省は、電気用品を合計５００品目近くに分類して管理している

電源コンセントが付いている電気用品と言っても具体的にどういったものがあるのか。経済産業省はＰＳＥの対象となる電気用品を総計４５７品目に分類・指定しています。

実を言うと、この中に分類されていないものはＰＳＥ対象外となります。例えば、一部業務用（店舗用）の美容器、医療用機器、業務用大型機械などは対象外になる可能性は高いです。

しかし、そうは言ってもほとんどの電気用品が該当すると考えておいてください。

■ＰＳＥは特定電気用品と特定電気用品以外の2つに分類される

ＰＳＥは特定電気用品（通称、菱形ＰＳＥ）全１１６品目、特定電気用品以外（通称、丸形ＰＳＥ）全３４１品目の２つで構成されています。

両者を簡単に分けると、特定電気用品というのは構造がより複雑、危険具合が高いもの、配線器具、構造が複雑な大型製品など、特定電気用品以外はそれ以外の一般家庭で使われる電化製品がメ

インというイメージです。ただ、決して特定電気用品以外の試験が簡単という意味ではありません。

なお、特定電気用品の商品は検査費用も高く、検査内容なども複雑なものが多いので、ＥＣサイト販売ではあまり見かけることはなく、特定電気用品以外がほとんどです。次の項目では、両者の簡単な比較とＰＳＥ違反をした際の罰則について見ていきましょう。

〔ＰＳＥ（電気用品安全法）編〕

2　ＰＳＥの分類内容と、違反した際の罰則について

■特定電気用品と特定電気用品以外の違いについて

ＰＳＥ特定電気用品と特定電気用品以外の分類について経産省のページを引用します。

もちろん対象商品など個別の違いはありますが、両者の一番の違いは、特定電気用品は検査機関による生産工場への立ち入り検査があることです。

実は、これはかなり厄介で、特定電気用品以外であればサンプル検査だけで済みますが、特定電気用品は生産している工場が、経産省が定めた検査設備を有しており、かつ工場の工員がそれの操作方法を理解しているか、などを確認されます。

この手配はかなり難しいこともあり、ＥＣサイトで販売することを主としている方には、まずは特定電気用品以外の商品を扱うことをおすすめしています。

【図表８　電気用品に付される表示】

電気用品に付される表示

特定電気用品	特定電気用品以外の電気用品
実際は上記マークに加えて、登録検査機関のマーク、製造事業者等の名称（略称、登録商標を含む）、定格電圧、定格消費電力等が表示される。	実際は上記マークに加えて、製造事業者等の名称（略称、登録商標を含む）、定格電圧、定格消費電力等が表示される。
■ 電気温水器 ■ 電熱式・電動式おもちゃ ■ 電気ポンプ ■ 電気マッサージ器 ■ 自動販売機 ■ 直流電源装置 など全 116 品目	■ 電気こたつ ■ 電気がま ■ 電気冷蔵庫 ■ 電気歯ブラシ ■ 白熱電灯器具 ■ 電気スタンド ■ テレビジョン受信機 ■ 音響機器 ■ リチウムイオン蓄電池 など全 341 品目

出典：経済産業省「電気用品安全法　電気用品安全法の概要」より」

製品特徴をわかりやすくいうと、菱形ＰＳＥは配線関係や構造が複雑な大型商品、丸形ＰＳＥは一般家電品というイメージです。そういう意味でもＥＣサイトの販売に向いているのは丸形ＰＳＥの商品ということになります。

特定電気用品を扱えるようになれば、差別化できる要素も広がりますが、難易度から考えると、まずは特定電気用品以外から始めていくのがベターでしょう。

■ＰＳＥ違反をした場合の罰則について

電気用品安全法には次のように定められています。

『ＰＳＥマークを表示していないものを販売もしくは販売目的で陳列すると、１年以下の懲役もしくは１００万円以下の罰金、又はこれを併科、など様々な罰則があります。条件によっては、１億円以下の罰金』

この場合の「ＰＳＥマークを表示していないもの」というのは、単純に表示をしていないだけではなく、先述をした所定の検査を行っていない、という意味も含まれます。なお、実際問題として、懲役刑や罰金刑になった人を見たことはありませんが、罰則の多くは、違反販売した分の製品回収や事業者名公表となっています。

ただ、こうした違反を犯した事業者への社会の目は厳しいでしょうから、最初からしっかりとした対応が必要となってきます。違反に関する罰則などは後ほど詳述します。

〔ＰＳＥ（電気用品安全法）編〕

３　ＰＳＥの法制度が複雑で具体的なアクションがわからない

電源コンセントを使う電気用品にＰＳＥマークを表示して販売するためには、所定の検査や経済産業省への届けが必要、ＰＳＥは特定電気用品と特定電気用品以外に分類されることがわかりました。

では具体的に何かどうすればよいのかご説明していきます。

詳しい内容は後述しますが、まずは重要ポイントをつかんでいただければと思います。

■電気用品安全法（ＰＳＥ）の手続フロー

ＰＳＥ取得を考えていろいろ調べた方にとっては一度は見たことのあるフロー図（図表９）かもしれません。様々な記載がありますが、ポイントはＰＳＥ対象有無を確認して、対象であれば基準適合確認（製品検査）を行うことに尽きます。

■基準適合確認

簡単に言うと、検査機関へサンプル提出をして行う製品検査のことです。フロー上では他と同列

【図表９　電気用品安全法（PSE）の手続フロー】

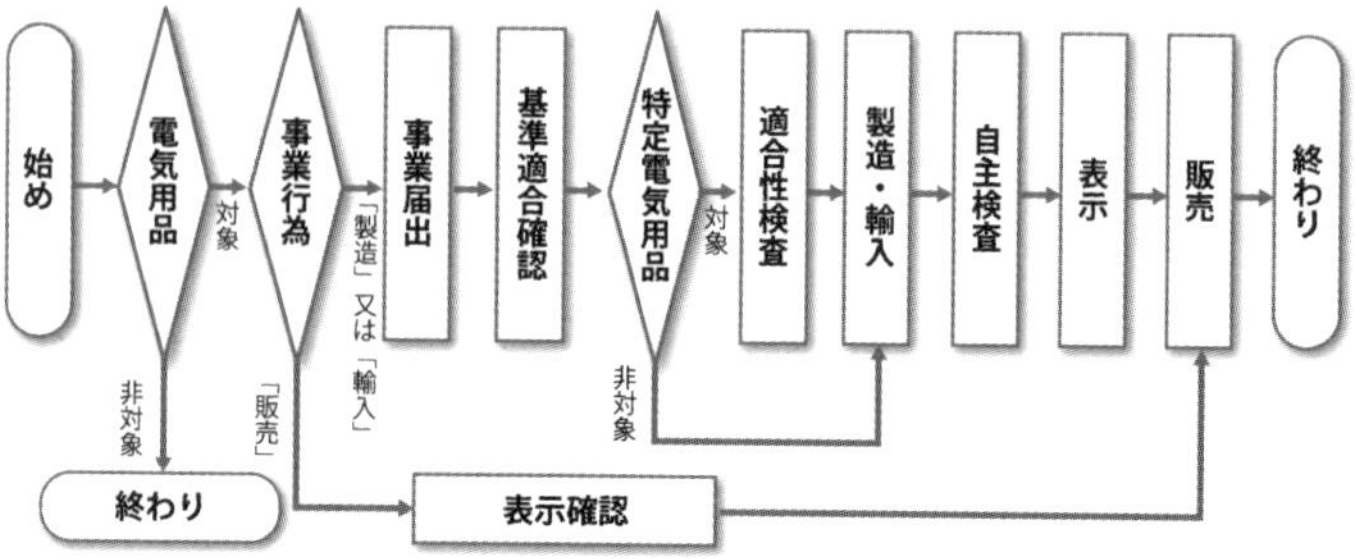

出典：経済産業省ウェブサイト「電気用品安全法　届出・手続の流れ」より

に書かれていますが、ＰＳＥのフロー上では、これと特定電気用品の場合に行われる適合性検査（工場検査）が一番重要です。

ＰＳＥでは製品検査を上手くマネジメントできれば、そのほぼすべてを終えられることになります。

■検査機関は日本でもいいし、海外でもいい

製品検査が重要ということで何をすればよいかというと、「検査機関選び」です。これができれば仕事はほぼすべて終了したと言えますし、逆に言うと、これができないといつまで経っても仕事を終えることができません。

普通に考えたら、日本の規格試験なのだから日本の検査機関で行うと考えるのが一般的だと思います。しかし、製品によっては海外の検査機関で日本のＰＳＥ試験を行うことは可能です。そうなると、中国生産のものを日本の検査機関にサンプルを送るのは、時間も労力もかかりコスパも悪くなります。

一方で、基本的に中国の検査機関のほうが割安である一方で、日本の基準を理解せずにヘンテコな試験をする検査機関も少なくありません。なので、注意は必要ですが、そうした選択をうまくできると、認証試験をかなり有利に進められるようになります。これについては後ほど詳述しています。

〔ＰＳＥ（電気用品安全法）編〕

４　世の中にどんな家電製品があるかを知ろう！

■許認可認証した製品の例

電源コンセントを使う商品がＰＳＥ対象であるとして、実際にどのようなものがあるのでしょうか、すぐにピンと来ないかもしれません。実のところ、対象商品は無数にあります。

先述したように経済産業省も電気用品の区分はかなり細かく行っていますが、具体的にどの商品が対象になるか明確には決まっていません。その製品の仕様や機能によって変わってきます。

そうは言っても、イメージが付きづらいと思いますので、実際にどのようなものをＰＳＥ認証検査してきたか、図表10に当社が許認可認証をした製品の事例をご紹介します。

【図表10　当社が許認可認証をした製品の事例】

ドライヤー、ＩＨヒーター、モバイルバッテリー、蚊取り機械、除湿器、空気清浄機、圧力炊飯器、保温器、ワイヤレスイヤホン、音響機器、電動ブラインド、電動運搬車、LED電球、超音波洗浄器、冷蔵庫、ウォーターサーバー、電気キャビネット、投げ込みヒーター、電動トリマー、動物撃退器、電源タップ、掃除機、電動ドリル、電動空気入れ、電動ポリッシャー、弁当箱炊飯器、自動販売機、キュービクル、チョコレートマシーン、靴乾燥機、LEDビジョン、電気乾燥機、電動キックボード、電動バイク、発電機、換気扇、電動ポンプ、空気プール、循環器、エアマット、布団クリーナー、ラインコンセントなど

【図表11　ドライヤー】

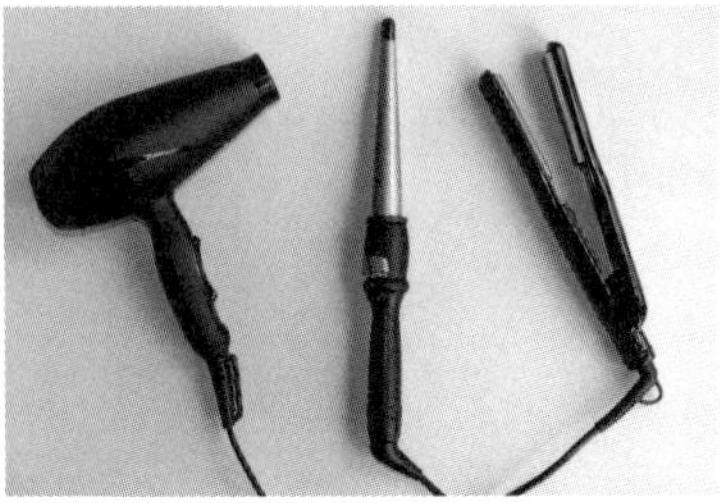

■実際にどのようなものが売れそうなのか

売れそうな商品の解説は後述いたしますので、ここでは簡単にヒントをお伝えすると、電化製品系でECサイト販売向けと言うと、やっぱり日常的に使うものが強いです。

例えばドライヤー（図表11）や空気清浄器、掃除機、あとはワイヤレスイヤホンなどが1つの選択肢になるかもしれません。

他には、先述したお客様事例のように、ある特定分野で使われるニッチで専門分野の商品も爆発的には売れないかもしれませんが、根強い需要があったりもします。こうした商品はライバルに気づかれづら

いでしょうし、許認可認証以前に分野としても参入障壁があると、それだけライバルとの差別化につながります。

一方、これらはあくまで売れる商品の考え方であり、確実に安定した売上が見込めるということではないので、その点は予めご了承ください。

■モバイルバッテリー

さらに根強い需要がある商品としては、リチウムイオン蓄電池を使用したモバイルバッテリー（図表12）が挙げられます。スマホやパソコンの充電ツール、災害時などの電源供給ツールとして、の必要性・重要性は近年急速高まりつつあります。

いわゆる「社会のスマート化」において、モバイルバッテリーは必要不可欠なツールで、需要は増え続けています。需要が高い分、ライバルが多いのも確かですが、しっかりＰＳＥの知識を身に付けて、チャレンジしてみるのもよいかもしれません。

ただし、後述しますが、現在はモバイルバッテリーによる事故も増えていますので、本書で扱い方を学んでいただければと思います。

【図表12　モバイルバッテリー】

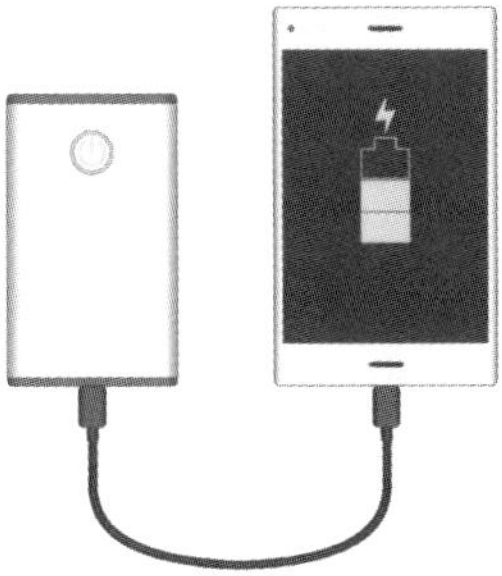

〔ＰＳＥ（電気用品安全法）編〕

５　電源アダプターを使う場合は製品本体ではなくアダプターがＰＳＥ対象

■かなり安価でＰＳＥ製品を扱えるケース

電気用品はすべてＰＳＥ試験が必要となると、ハードルが高く感じるかもしれません。一方で、かなり安価でＰＳＥ製品を扱えるケースもあります。それは電源アダプターです（図表13）。

【図表13　電源アダプター】

製品本体から電源コードが伸びておらず、充電アダプターを用いて製品に給電を行う製品に関しては、製品本体ではなく充電アダプター（ＡＣアダプター）がＰＳＥ対象です。

ちなみに、電気用品区分は、特定電気用品（菱形ＰＳＥ）の直流電源装置。わかりやすい商品事例として、ノートパソコンやコードレス掃除機などがあります。

■電源アダプターは割安でＰＳＥ扱いができる

イチからＰＳＥ認証をすると、丸形ＰＳＥよりもかなり割高になりますが、実は、中国の（アダプター）生産工場がすでにＰＳＥ認証していることがほとんどです。製品本体のメーカーも、日本に出荷するためにＰＳＥ認証がされたアダプター工場から購入しています。

アダプターを使う製品の場合は、工場に日本のＰＳＥ認証をしているか確認してみるようにしましょう。

ちなみに、少し専門的な話ですが、なぜ充電アダプターを使う製品があるのか、ご参考までそのメリットを解説しておきます。

【図表14　なぜ充電アダプターを使う製品があるのか】

電源回路用の専用部品を機器に必要な部品の他に調達、管理する工数が削減でき、電源回路を部品として購入することで、開発費用も不要になり、メーカーにとってコストの削減になります。

また、寿命の短い電源回路を機器と別にすることで、電源回路に故障や寿命がきて使えなくなった場合でも充電アダプターを交換することで、機器を買い替えることなく使い続けることができるのもメリットの1つです。また、近年増加している充電式のバッテリーを使用した機器については、バッテリーの充電器として使用することができることもＡＣアダプターがよく使われている理由でしょう。

実際問題として、ACアダプターをPSE試験する人はほとんどいません。そうすると、例えPSE商品であっても、アダプターを使うものは差別化という意味では大きく機能はしないかもしれません。

ただ、まずはPSE商品を扱ってみるという入門編としての機能はあるといえるでしょう。

■試験の必要はないが、少し面倒な手続が必要

ただし、製品を提供する中国工場側はPSE認証をしているだけで問題ないと勘違いしていることが多いですが、日本で正規に流通させるためには、別途書類手続などが必要となり、その点については後述いたします。

【図表15　電源アダプターで稼働させる商品（例）
左：ノートパソコン　右：コードレス掃除機】

〔PSE（電気用品安全法）編〕

6　USB接続や乾電池を使う電化製品はPSE対象外

先述したように、経済産業省はPSE対象品を特定電気用品・特定電気用品以外の総計で500

【図表16　電源プラグを電源コンセントに差し込む様子】

品目近くに分類しています。いずれにしても双方に共通しているのが、基本的に両者とも「交流」で電源供給をしている点です。

「交流」というのがわかりづらいかもしれませんが、要するに、これまで繰り返してお伝えしている電源プラグを電源コンセントに差し込んで使用することです。

「交流」以外には、電源ブレーカー（遮断器）など、電線から電源（電気）を引くための配線器具などが対象になります。

■ＰＳＥは「交流」で電源を得る「電気用品」を対象にした法律

経産省が分類している品目も基本的にそうした構成されています。そうしたときにハッと思うかもしれませんが、「電気用品」と言っても電源コンセントを差し込まずに使用しているものも存在しています。そうしたものはＰＳＥ対象外になるのでしょうか？

結論から言うと、対象外になる可能性が高くあり、ＰＳＥ対象外の代表例として、ＵＳＢやシガーソケットで充電・給電するモノ、乾電池を利用するモノ、ＡＣアダプターを使うモノがあります。

ＵＳＢや乾電池などが対象外になる主な理由としては、基本的に電圧（消費電力）が低すぎて、事故の可能性が低い為に言わばおもちゃ扱いされて、ＰＳＥの対象にはなりません。

ＵＳＢ給電してＰＳＥ非対象商品としての例として、夏場に流行している携帯型の扇風機などが

【図表17　PSE対象外となる製品】

あります。

一方、先述したモバイルバッテリーはＵＳＢで電池の充電をしますが、モバイルバッテリーは他者への給電機能があり、ＰＳＥの対象となっています。

■ＡＣアダプターの考え方

前のページで解説したＡＣアダプターを使う製品について、本体そのものは電源コンセントが伸びていないのでＰＳＥ対象外です。この点はかなり重要ですので、ぜひ覚えておいてください。そして、電源供給のために使用するＡＣアダプターが「直流電源装置」としてＰＳＥ対象になります。

なお、誤解されている方も多いですが、リチウムイオン電池を搭載していても、他者への給電機能がないものはＰＳＥ対象となりません。

電源アダプターを用いて稼働させるノートパソコン、コードレス掃除機などの商品は、本体自体はＰＳＥ対象外になります。

〔ＰＳＣ（消費生活用製品安全法）編〕

7　基本的な法体系はＰＳＥと同じ、対象になる製品は

■ＰＳＣとは

ＰＳＥに続いてＰＳＣです。ＰＳＣは「一般消費者の生命又は身体に対する危害の発生の防止を図る」ことを目的に、当該製品に関して販売事業者に様々な規制を行う法律です。昭和48年に制定されました。ＰＳＥと同じく経済産業省が管轄しています。同省が指定した対象の一般消費者の生命又は身体に対して特に危害を及ぼす恐れが多いと認められる危険製品について、ＰＳＣマークを表示していないものは販売してはいけません。

対象品、規制内容は時代の変遷に合わせてアップデートされています。ＰＳＣ法に違反すると、1年以下の懲役もしくは１００万円以下の罰金、又はこれを併科、など様々な罰則があります。ちなみに、ＰＳＣとは、Product Safety Consumer の略称です。

■ＰＳＣも特定電気用品と特別特定製品以外の特定製品の2つに分類される

では、どういった製品がＰＳＣ対象なのか、経産省のページを引用して見ていきましょう。

【図表18　消費生活用品の概要】

PSCマーク	
特別特定製品	特別特定製品以外の特定製品
PSC	PSC
対象項目	対象項目
■乳幼児用ベッド ■携帯用レーザー応用装置 ■浴槽用温水循環器 ■ライター	■家庭用の圧力なべ及び圧力がま ■乗車用ヘルメット ■登山用ロープ ■石油給湯器 ■石油ふろがま ■石油ストーブ

出典：消費生活用製品安全法の概要

乳幼児ベッド、携帯用レーザー応用装置、浴槽用温水循環器、ライターの特別特定製品と、家庭用の圧力なべ及び圧力がま、乗車用ヘルメット、登山用ロープ、石油給湯器、石油ふろがま、石油ストーブの特別特定製品以外の特定製品があります。

根本的な法制度は同じですが、ＰＳＥと違う点は、ＰＳＣの対象は上記10品目しかなく、すべて国内検査機関で試験実施する必要があることです。

■ＰＳＣも規制対象・内容が時代の変遷によってアップデートされる

浴槽用温水循環器、いわゆるジェットバスは今から20年ほど前に起きた幼児の事故を発端に、当時の通商産業省（現経済産業省）が規制を開始。また、ライターによる発火事故も問題となっていますし、石油ストーブなどもＰＳＣマークが表示されていないものは絶対に使用しないように冬のＮＨＫでもよく呼びかけを行っています。

もっとも、ＰＳＣに関して、ＥＣサイトの事業者が実際に認証を行って流通に乗せられる商品は少ないと思いますが、実際のところ問い合わせも多いのでそちらは次ページで解説していきたいと思います。

【図表19　PSCマーク】

〔ＰＳＣ（消費生活用製品安全法）編〕

８　ＰＳＣのフローはどのようになっているのか？

ＰＳＣの手続を当社が実際に申請した経験に基づいたフローを作成したので、図表19に沿ってご説明いたします。基本的に、レーザー＝ＰＳＣ商品と置き換えていただいて問題ありません。

ＰＳＣはＰＳＥと同じ経済産業省の製品安全課が管轄しており、フローも基本的に同じです。対象品があれば、事業届をして、基準適合確認（サンプル）検査をして、特別特定製品（菱形ＰＳＣ）であれば適合性検査（生産工場検査）して販売を進めていきます。

後述しますが、ＰＳＥと大きく異なる点は2つを挙げておきます。1つは損害保険加入義務、もう1つは日本の検査機関でしか検査実施できないという点です。

【図表20　PSC検査の流れ】

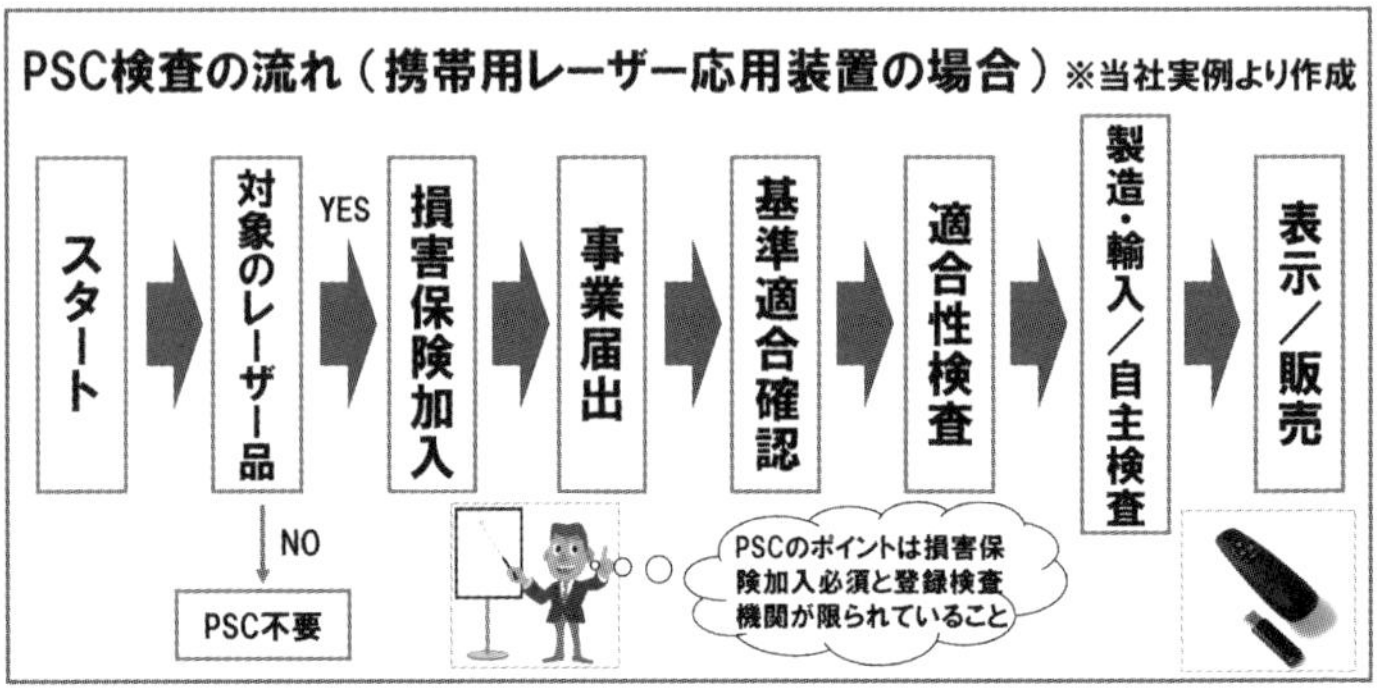

■ＰＳＣの事業申請の際に損害賠償責任保険契約が必要

経産省のホームページには次のように記載されています。

『届出の際、事業者は、被害者一人当たり1千万円以上かつ年間3千万円以上を限度額として補てんする損害賠償責任保険契約の被保険者となる損害賠償の措置が必要です』

主旨として、ＰＳＣの対象となっている危険物製品はそれによって事故が生じる恐れも高く、万一の場合に事業者が補てんできる体制を築いておくということです。

例えば、当社で扱ったレーザーで言えば、レーザーが人体の目に当たり失明・視力低下などの危険があります。

■ＰＳＣ試験ができるのは日本の検査機関のみ

ＰＳＥではほとんどの製品が海外でも検査可能ですが、日本のみでしか実施できないというのがＰＳＣのハードルを高くしている点です。そうなると、試験内容が完全に日本独自規格になるので、海外製品をそれに適用させるのはかなり腰を据えて取り組まないと難しくなってきます。

なお、ＰＳＣ対象になっている10品目の中でＥＣサイト販売で扱えそうなのが、携帯用レーザー応用装置、乗車用（バイク）ヘルメット、圧力炊飯器だと思います。もちろん、他も扱うことはできますが、あまり一般的なものではないで、生産工場が日本の基準を満たしたものをつくれるかどうか疑問でもあります。

〔電波法編〕

9　Bluetoothや Wi-Fiなど無線電波を使用するものはほぼ電波法対象

■電波法の管轄省庁は総務省

IoT（インターネット・オブ・シングス）社会やスマート社会の到来など騒がれて久しいですが、これらの本質はすべて無線電波を使用して製品端末同士がつながる社会のことを指しています。

そして、つながる電波の種類、Bluetooth、Wi-Fiなどによって周波数帯域が割り当てられているので、それを守っているかどうかを確認する許認可認証試験が電波法となるわけです。管轄省庁は総務省です。

【図表21　ECサイトで販売できそうなPSC対象品】

【図表22　電波法対象商品例　スマートイヤホン／スマートウォッチ／ワイヤレスプレゼンター】

■電波法の対象商品は

総務省は電波法対象になる製品を特に区分しておらず、無線電波を発しているものすべてが対象になります。巷で言われるWi-Fi○○、無線○○、コードレス○○、スマート○○、Bluetooth○○と呼ばれるもののほとんど電波法対象と考えられます。一般的によくある電波法認証対象の一例を言うと、図表23のとおりです。

【図表23　電波法の対象商品】

ワイヤレスプレゼンター（PSCレーザーと混合）、スマートウォッチ、ワイヤレスマイク、ワイヤレスイヤホン（PSEバッテリーと混合）、ワイヤレスマウス、トランシーバー、スマートカメラ、バイクタンデム（インカム）、ワイヤレスマウス、ワイヤレスキーボード、携帯電話、ワイヤレスプリンター、Wi-Fiプロジェクター、自撮り棒（のリモコン）、ワイヤレスステレオスピーカー

【図表24　充電して使う電化製品、テレビなどのリモコンは対象外】

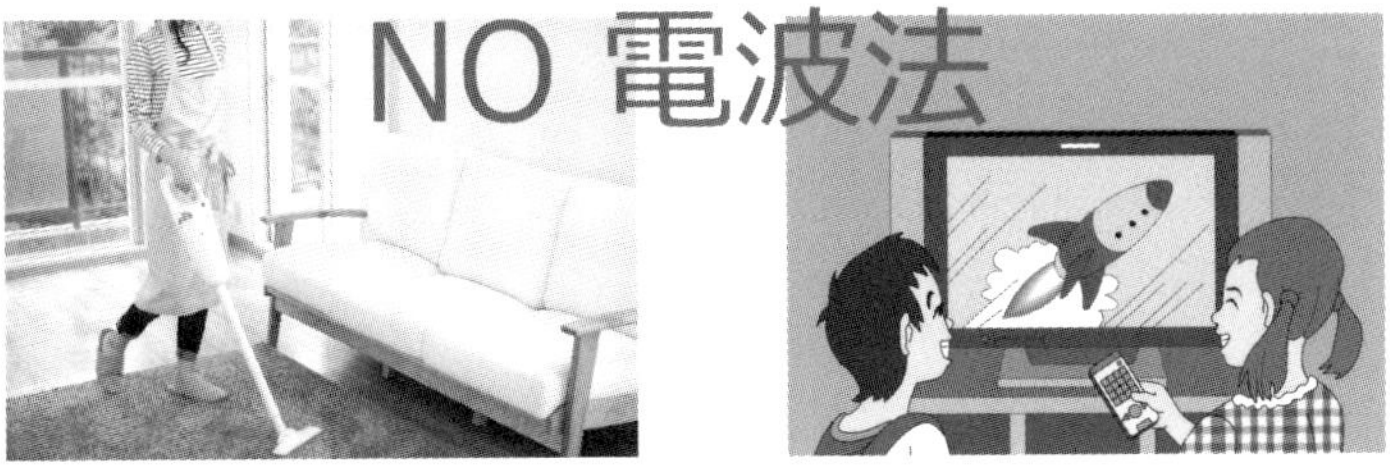

なお、総務省ページなどの説明を読んでいると、電波法認証するにあたり無線基地局の開設が必要など、専門的なことが書かれていたりもしますが、あまり難しいことは考えずに、ＥＣサイトで販売する無線商品は電波法認証していれば問題ない、と考えておきましょう。

Bluetoothを使ってスマホと接続（同期）するスマートイヤホンやスマートウォッチ、ＵＳＢ部分をＰＣとWi-Fiでつなげてスライドの切り替えを行うワイヤレスプレゼンターなどが電波法対象です。

■電波法の対象外商品

一方、テレビ、扇風機・エアコンなどの家庭用電気用品のリモコンの多くは赤外線通信であるため、ほとんどが電波法の対象外です。

その他に、コードレス電化製品は電池で充電して使用するのであって電波通信はしていないので電波法の対象ではありません。

「無線電波を発しているかどうか」と言っても目に見えない領域なので判断がしづらい部分もありますが、基本的にはこうしたものはすべて理論で成り立っています。ＥＣサイト販売をしていく上でそうした見極めのスキルも本書で学んでいってください。

■４Ｇ製品も電波法対象

携帯電話、無線Lanなども電波法対象ですが、Wi-Fiなどの試験費用とは桁が変わるくらい高価で、ＥＣサイト向きではないので本書では割愛します。

〔電波法編〕

10　電波法表示の仕方と電波法の豆知識

電波法マーク

電波法認証試験に合格した製品には電波法マークと総務省から付与される番号を表示することができます。

郵便局のマークみたいなものが電波法マークです。余談ですが、これは現総務省の前身の1つであった郵政省がそもそも電波法を管轄していた経緯があります。

Rは「Radio（電波）」の意味、3桁の数字は総務省に登録されている検査機関に割り当てられた番号で、残り6桁はその検査機関の任意の番号となります。

【図表25　電波法マーク】

■日本の電波法の名称（呼び名）について

広く言えば、（日本の）電波法＝ Japan Radio Law となるのですが、その呼び名が人によってまちまちです。認識を共有できないと海外工場・海外検査機関とやり取りミスがあるかもしれませんので、正しい認識をお伝えしておきます。

・Japan MIC 認証

MIC は総務省の英語名「Ministry of Internal Affairs and Communications」の略称です。つまり、総務省の認証という意味です。総務省が管轄している許認可認証は主に電波法ですが、電波法もかなり幅広いので少しわかりづらいと個人的には感じています。

・TELEC 認証

TELEC は日本を代表する電波法認証機関「一般財団法人 日本テレコムエンジニアリングセンター」の略称です。組織名がそのままサービス（認証）名になっています。

・技適認証

技適というのは、電波法認証の中のやり方の1つである「技術基準適合証明」の略称です。輸入・販売する製品を1つひとつ検査するのですが、あまりにコスパが悪く、少なくともＥＣサイトで販売する事業者の方にはおすすめしていません。

・工事設計認証

技術基準適合証明と並んで、電波法認証のもう1つのやり方の名称です。こちらは生産工場から資料、サンプルなどを提出してもらい検査をする一般的なやり方です。こちらに合格すると、以降、その工場の当該製品は電波法番号を表示して販売することができます。

本来的には、電波法（Japan Radio Law）＝工事設計認証が正しい呼び名という認識です。一方、工事設計認証という呼び名はあまり一般的ではなく、TELEC認証、技適認証と呼ぶ人が大半で、それでも問題はないと思いますが、たまに言葉の定義の問題で混同してしまうこともあるので、その点は気を付けるようにしてください。

■電波法違反の対象者はユーザー

電波法を犯した場合、「1年以下の懲役又は100万円以下の罰金、5年以下の懲役又は250万円以下の罰金の対象」となっていますが、その対象は販売事業者ではなくユーザーです。たまに、違法の無線トランシーバーを扱って店員同士で連絡を取り合っていた店舗が警察に摘発されたというニュースもありますが、この法律内容が根本になっています。

しかし、販売事業者が直接の罪にはなりませんが、お客さんに罪が発生するようなことがないよう法令順守をしていきましょう。

本書内で固有名詞をあげることはしませんが、やはりそれなりの規模の会社さんがノベルティで配っていた商品が電波法認証をしていないことがわかり、全品回収に至るというニュースも最近ありました。せっかくの許認可認証商品でそのようなことがないよう気を付けていきましょう。

〔食品衛生法編〕

11　具体的にどういったものが食品衛生法の対象になるのか？

■食品衛生法試験の主旨

輸入品において食品衛生法試験が必要になるケースは、簡単に言うとその輸入物品が「人の口に触れるモノ（食品機器）」が対象となります。

なお、本書では、「食品そのもの」は対象外という前提で書いております。

多少でも輸入販売を経験されている方であれば想像は付くと思いますが、食品や人体の口に触れる機器について、その安全性を確認する事前に確認するという内容です。要するに、人体に悪影響を及ぼす可能性のある有害物質が機器の素材などに含まれていないかを確認するわけです。

【図表26　一般的な商品と電気を使う商品の例】

①一般的な商品の例

カップ、皿、タンブラー、はし、スプーン、ナイフ、フォーク、哺乳用具、ストロー、水筒、弁当箱、包丁、まな板、なべ、フライパン、乳幼児用玩具

②電気を使う商品の例

炊飯器、電気ジューサー、電気ミキサー、電気ポット、電気ロースター、電気ホットプレート、電気コーヒー沸かし器、圧力釜、冷蔵庫

ちなみに、手を動かして使う歯ブラシ、電動歯ブラシはともに食品衛生法の対象外です。

■試験の難易度は製品によって大きく異なる

食品衛生法の主旨は解説しましたが、そもそもそんな物質を使って製品を製造する事業者など基本的に海外でもあり得ないレベルでしょうし、一昔前に毒餃子問題などで大騒ぎになった中国でも同様だと言えます。しかし、それでも試験はしなければなりません。

食品衛生法の厳しい点は、検査をしないまま、特に書類も提出していないで輸入をすると、通関で差し止められて、輸入事業者の費用負担で全品破棄になる可能性があることです。

数個程度であれば試験をしていなくてもサンプルとして輸入が認められるでしょうが、その数が数十個、数百個、それ以上になれば、不特定多数に販売する事業用として見なされるでしょう。

肝心な試験内容について、基本的にサンプルの物質検査が主です。カップやお皿など、一般的商品で使用している材質も少ないものは本当に簡単です。ただ、電気を使うなど製品構造が複雑な商品だと、試験も難しくなってきます。理由として、使用している部品が多くなると、食品が触れる可能性が高くなり、それもすべて試験をする必要があるからです。

【図表 27　試験の難易度は製品によって異なる】

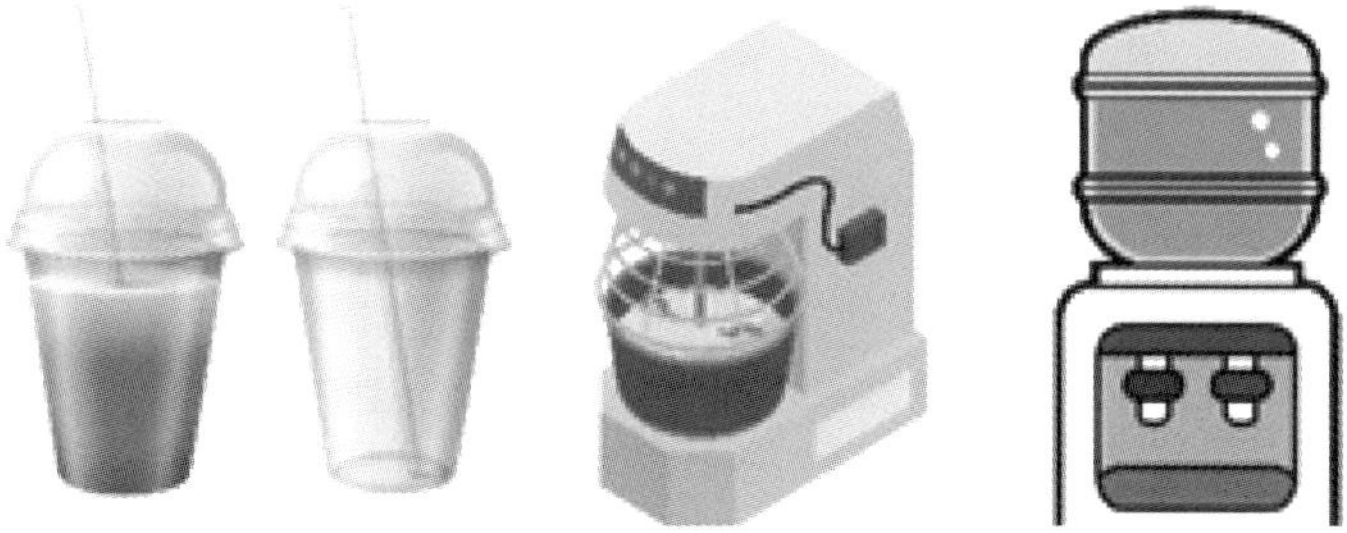

商品外観だけだとわからないかもしれませんが、特にウォーターサーバーなどのようなものは（最終的に人間が飲む）水が機械内部のいろいろなところを移動するので、そうした際のすべての部品試験が必要になってきます。詳しくは後述しますが、まずはそうした試験があるということを認識しておいてください。

■カップなど単一素材の試験はとても簡単、単純構造の食品家電であれば比較的簡単、ウォーターサーバーなどの複雑構造な物は難解

複雑構造なものであればサンプルの段取りなどが大変な場合もありますが、手順を踏んでしまえば試験自体はそれほど難回なことはなく、サンプルを出してしまえば後は試験終了を待つばかりということがほとんどです。ＰＳＥや電波法などは製品の構造などが日本の規格と合致しているかどうかを確認することになり、それが合っていない＝もう一度やり直し、ということが少なくありません。

しかし、食品衛生法では、部材の確認検査という側面が強いですので、一般小売りをする物でそうした危ないものが使われているほうが稀です。そうした意味では、進めやすい試験であるとも言えます。

【図表 28　浄水器のイメージ】

■浄水器で表示する主な内容

材料の種類、ろ材の種類、ろ過流量、使用可能な最小動水圧、浄水能力、回収率、ろ過水容量、ろ材の取替時期の目安、使用上の注意、表示者名等の付記などがあります。

かなり厳格に定められていますが、ＪＩＳ試験をしてしまえばそれらの情報は揃えられることになります。

なお、かなり専門的ですが、浄水器にはビルトインタイプと呼ばれ屋内給水装置に直接つなぐ、蛇口の先に直接つなぐものの2種類があります。前者は「浄水器Ⅰ型」、後者は「浄水器Ⅱ型」というように分けられます。「浄水器Ⅰ型」は水道法により規制を受けます。その場合、食品衛生法の範囲外となります。一方で、「浄水器Ⅱ型」は給水装置ではないので水道法の規制は受けませんが、食品衛生法の規制を受けることになります。

第3章　実際に許認可認証を進めるためにしなければならない準備

1　検査機関のマインドを知り、海外検査機関を利用することも視野に入れる

許認可認証は検査機関選びから始まる

まず大事なのが、許認可認証というのは検査機関選びから始まっているということです。PSEにしろ電波法にしろ、認証試験を実施できる検査機関は無数に存在しています。生産工場の立ち入り検査が伴うPSE特定電気用品については、経済産業省に登録された検査機関を利用する必要があるので数は限定されますが、それでも一切選択できないということは少ないです。

一方、PSC、食品検査法についても、そもそも実施できる検査機関がかなり限られるので、選択の余地はあまりないのですが、それでも一択しかないということもありません。あまり馴染みのない許認可認証試験の検査機関を「選択する」という選択肢はないかもしれませんが、まずは「選択はできるし、できることなら選択をするべき」だというマインドを持つようにしてください。

なぜそれが大事かというと、検査機関にも自分に合う、合わないという感覚は持つようにしていただきたいからです。

正直言って、日本の行政機関が主体となっている検査機関の一部では「認証の素人を教えてあげている」という意識が見え隠れすることが多いそうです。これは、私が勝手に言っているわけではなく、複数のお客様から寄せられている声であります。

■日本の検査機関は素人をあまり相手にしたくない!?

検査機関の方に直接聞けば、当然そんなことはないという回答になると思いますが、お客様から聞く限り、そのような雰囲気があることも理解できます。裏側の背景として、専門性が高い許認可認証試験において検査機関側と事業者側で知識・情報の格差がかなり大きくあるのが実情です。

依頼主からすると、知識がないのでイチから教えてほしいということになりますが、検査機関側は、毎回毎回教えているのは大変だし、知識・情報を伝えても自分のところで依頼をされるかどうかわからない状態で、時間を使いたくないし、既存の中堅・大手企業との仕事をメインにしたい、と考えているのかもしれません。その気持ち自体は私も痛いほどよくわかります。

しかし、新規で詳しくない依頼主側と(特に行政機関系の)検査機関との認識の違いの溝は大きく、そうした対応をされると、「二度とあの検査機関とは仕事をしたくない」ということになってしまい、当社のような代行会社にお声が掛かることになります。

当社としては、それでお仕事があるわけなのである意味でありがたくもありますが、社会の状態として健全ではありませんので、許認可認証を進めていくという観点で2点お伝えさせていただきます。

■検査機関は複数あると認識すること

前者については先ほどご説明したとおりです。知識・情報がない中で仮に複数社見つかったとしても、1社ずつ調べても比較しようがないかもしれませんが、少なくとも担当者の対応が自分とは合わないと思う検査機関は利用しないのが賢明です。感じた違和感は間違いありません。

一方で、検査機関はご自身で選ばずに、実際やり取りする生産工場や代行会社に任せるのが合理的です。特に海外工場になると、やりとりする検査機関も海外から選ぶのがいいでしょう。もちろん、海外検査機関リスクもありますが、その対策ついては後述します。まずはそうした選択肢があることを覚えておいてください。

2　まずは売れる商品を見つけよう！　許認可認証商品のリサーチ方法

■自分でも扱えるというマインドを持つ

それでは売れる許認可認証商品を見つけるにはどうしたらよいでしょうか？　これについては、これまで皆さんがされている商品探しと同じ方法です。1つは、カテゴリーランキングを隈なく探すこと。思い出してみてください。

物販スクールやコンサル先生などの教えでは、「電源プラグが付いているもの、無線電波のもの、レーザー、お皿などの機器は扱ってはいけない」と、その理由も言われずに洗脳されていませんでしたか？　それによって、それらの製品を見た途端、「自分には扱えない」と心の蓋を閉ざしていませんでしたか？

まずは、あらためてそういった許認可認証が必要な商品も「もしかしたら自分でも扱えるかも」という視点で見るようにしてみてください。

もちろん、他の商品と同様に、そもそもランキングが低い、ライバルが多い、販売単価が合っていない、サイズが大きいなど、販売にまで至らないケースもあるでしょうが、繰り返しになりますが、まずは「自分でも扱える」というマインドを持つようにしてください。

■ワイヤレス、電動、モバイル、充電、電池、スマート、無線などのキーワードから探す

一方、もう少し直接的な探し方も存在します。例えば、「ワイヤレス」というキーワードを入れると、ワイヤレスイヤホン、ワイヤレスマウス、ワイヤレス充電器、ワイヤレスキーボードなどの商品名（ジャンル）が出てきます。

こうしたところをヒントにいろいろ探し見てもいいかもしれません。

3　自分が詳しいジャンルで扱われている電化製品が手堅い

■詳しいジャンルで売れている方たちのコメント

先述したような売上・利益を誇っている当社のお客様に対して、「どういったところでそのような商品を見つけたのですか？」と聞いてみると、皆さん一様に「元々、この商品のジャンルに詳し

かった」というお答えされます。例えば、車関連グッズをメインに扱われている方は次のようなにコメントしています。

「この電化製品の需要があるとは気づいていました。やっぱり、車に関する仕事をしていたら必須ですので。しかし、有名メーカー品は高い。そうした中、中国製だけどおしゃれで機能が高い商品を見つけました。ただ、ＰＳＥをちゃんとやっている人は他にいなかったので、許認可認証にチャレンジしてみることにしました。すると、やっぱり狙い通りに高単価で売れ続けています」

また一方で、このようなお客様もいらっしゃいます。

「元々、美容関連業に勤めていて今は独立して物販の会社をやっています。なので美容関連商品で使う電化製品に関しても知識があります。電化製品でもＯＥＭをしたりしていますが、ユーザーがどのような使い勝手を求めているのか、どのようなデザインを好むのかわかるので、そういったものをＰＳＥ認証できると競合が絶対に入ってこれないので独壇場ですね」

■メーカー品と似たものを探す

意匠権、商標権の問題もあるので、取扱いには十分に気を付けていただきたいですが、以前、玩具関連の商材を多く扱っており、その中で、某プラモデルメーカーが販売していた人気のとある電化製品に似た製品が中国で展開されていて、それを輸入して販売されている方がいらっしゃいました。

その売上状況を聞いたら、年間７０００台という腰を抜かすレベルだったのですが、狙い方としてはそういうイメージになるのでしょう。

■やっぱり競合がいないと売れる（当社事例）

本書では、当社がワイヤレスレーザーポインターを扱ったことをお伝えしましたが、それに至る経緯の1つとして、当時は競合が極端に少なかったことが挙げられます。随分前になりますが、許認可認証もまだ一部の大手メーカーだけのものだった頃、「レーザー＝扱ってはいけないもの」という認識が今よりさらに強くありました。

しかし、その割に売られているレーザー商品は多く、実はそれは中国製の（日本のＰＳＣを取っていない）違法品ばかりでした。

それに対して、当時の Amazon はレーザー商品を一切排除する措置を取りました。すると、一部のメーカー品以外、本当にレーザー商品がサイトからなくなりました。たまたま経緯を眺めていた自分は、これは行けると思い、レーザーの許認可認証にチャレンジすることにしたのです。

■結局のところ、他の通常商品と考え方は変わらない

許認可認証という聞き慣れない手法の情報に触れて、喜んでくださっている方も多いかもしれませんが、現実問題として、許認可認証をしたら自動的には売れるわけではないことは認識しておい

てください。

売れる電化製品系の商品を見つけ、許認可認証を使って権利を守って安定化していくということがポイントになってきます。

4　競合の許認可認証状況のリサーチ方法

■まだまだ違法品が多い

ＥＣサイト物販において重要なことの１つとして競合（ライバル）の数の把握があります。これは許認可認証の商品であろうと、通常の商品であろうと同じです。競合が多ければ不利ですし、少なければ有利になります。

しかし、全く競合がいない状態というのは、むしろそもそも需要がないかもしれないなど、いろいろ検討することは多くあります。その中で、許認可認証商品は、その商品が本当に許認可認証を受けているかどうか、確認の余地があるということです。

お伝えしているように、Amazonを始めとするＥＣサイトの取締りが強まっているとは言え、まだまだ違法品が多いのも事実です。競合が多いなと思っていても、実は違法品であるとAmazonなどに通告すれば出品停止にしてもらえる可能性もあります。実際にどこまで停止措置になるかわかりませんが、見分け方は勉強しておきましょう。

■ちゃんと許認可認証している商品は、販売ページを見れば一目瞭然

大手の電気メーカーさんなどであれば、許認可認証していることは当たり前なのでわざわざ販売ページなどに明記することはせずに、商品本体に必要な表示をするだけかもしれません。一方で、ＥＣサイト事業者であれば、せっかく認証をしたのであれば当然、それも商品のアピール要素として訴求するでしょう。

むしろ、訴求していないということであれば、許認可認証もキチンとしていないのではないかという判断材料の１つになります。

また、慣れてくれるとその明記の仕方についても、正しいのか正しくないのかも判断できるようになってきます。

以前に、当社が販売していたワイヤレスプレゼンターの許認可認証表示を例に上げておきます（図表29）。正直、このときの表記内容は他社の違法品を買わないでくださいという要素が強く、少々脅迫めいていたようにも感じられ、事業者の品性の問題として反省している部分もあります。

いずれにしても、許認可認証している旨をしっかり記載しているかどうかは大きな判断材料の１つです。

■ＰＳＥ、ＰＳＣは日本法人しか事業届ができない

これはかなり重要な話ですが、ＰＳＥとＰＳＣに関しては日本法人でしか経済産業省への事業届

【図表 29　違法品への注意喚起表示（当社作成）】

悪質な違法品にご注意ください

ワイヤレスプレゼンター（レーザーポインター）には、
レーザー：PSCマーク（経済産業省指定）
ワイヤレス（無線）：電波法技適マーク（総務省指定）
の表示義務があります。
商品のご購入をされる際は、こうしたマークが表示されているかどうか、じっくりと確認されることをお勧めします。

それぞれにおいて、検査機関での認証試験があり、安心・安全が証明されないと販売を行うことが出来ないと、日本の法律では定められています。これらの表示が無いといわゆる違法品となります。

違法品であることの問題点

☑安全性が不明。
☑製品における事故があった場合、補償がない。
PSC事業者は対物保険加入が義務付けられています。
☑技適マークがないと、ユーザーが罰則を受ける可能性あり。

PSCなどは、基本的に日本の事業者のみしか申請が行えません。海外（中国）事業者が販売しているプレゼンターは、ほぼ違法品であると判断できます。購入前に一度ご確認ください。

本製品はPSC、技適ともに認証済みです！

PSCマーク

電波法技適マーク

はできません。なので、海外事業者がPSEしています、PSCしています、ということ自体が不自然なのです。

もちろん、何かしらの試験はしているかもしれませんが、事業届ができていない時点で違法です。中には、海外事業者に日本法人が名義貸しをしている場合もありますが、そうした視点で自分が売りたい市場を眺めてみると、新しい発見や気づきがあるかもしれません。

ちなみに、電波法に関しては、海外法人だけで許認可申請、日本市場での販売が可能です。その他の許認可認証は、基本的に日本法人が輸入事業者として申請する必要があります。

5　PSE、PSC製品を扱う際には法人設立が必要か？

PSEやPSCを扱う際の手続については後述しますが、先んじて必要なことをお伝えしておきます。それは何かというと、「法人設立」です。正直、個人事業主のままでPSE、PSCの商品を扱うことはあまりおすすめできません。

もちろん、法律的には個人事業主のままでも問題ありませんが、その点について解説します。

■PSE、PSC商品は事業者名を表示しなければならない

詳しくは後述しますが、PSE、PSCいずれにおいても、事業者名（輸入事業者名）を製品上

【図表 30　ラベル表示】

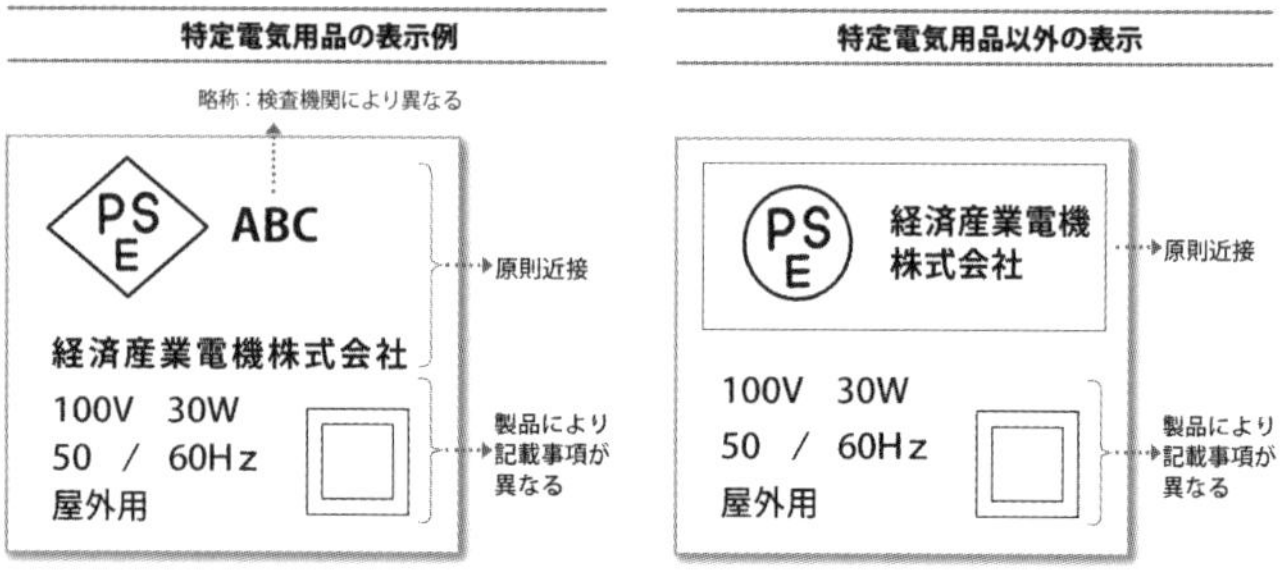

注）点線及び｝は説明用に示したもので、実際の表示例ではありません。

出典：経済産業省ホームページ

に表示しなければなりません。この理由として、事故の危険が伴う可能性が高いＰＳＥ、ＰＳＣ対象商品において、何かあった際に責任の所在（連絡先）が明確になっておく必要があるためです。

例として、経済産業省のページを引用しておきます。なお、ＰＳＥ、ＰＳＣは基本的に同じ考え方です。

図表30は、ＰＳＥの表示例です。「経済産業電機株式会社」は事業者名になります。

■事業者名は法人名か、個人名か

表示をする際の「事業者名」というのは、経産省に事業届を行った際の申請者名がそのまま適用されます。その際に気を付けなければならないが、その申請を法人として行うか、個人事業主（個人）として行うかです。

法人で申請していれば、事業者名は法人名で記載できますが、個人（事業主）で申請すると個人名をフルネームで表示することになります。筆者で言えば、「堀雄太」と商品に表示することになります。個人事業主の屋号は認められません。

実は、当社のワイヤレスプレゼンターも最初は、個人事業主で届出をしていましたが、その事実に気づき、検討のうえ、法人を設立し再度、法人として事業届を行った経緯があります。

すでに法人がある方なら問題ありませんが、新しく法人設立するにもお金は掛かりますので、個人で進めるか、法人で進めるか情報整理が必要になってくるかもしれません。

ちなみに、電波法や食品衛生法に関しては、製品への事業主名表示の義務はありません。

【図表31　個人で事業届をした場合の表示例】

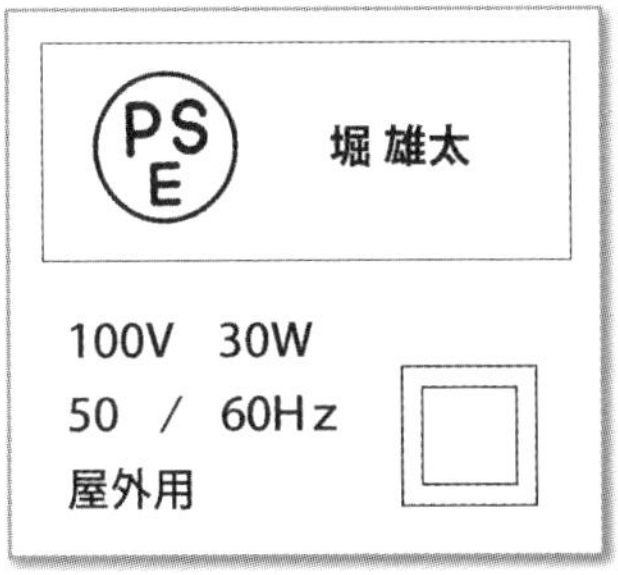

6　検査費用のための資金準備（融資、補助金、自己資金など）

許認可認証費用の準備

許認可認証を実施するにあたって相応に費用は発生します。許認可認証のジャンルや商品、パターンによって費用は大きく変わるので具体的にいくらなのかということはお伝えしづらいのですが、少なくとも数十万円の単位で発生すると思っていただければと思います。

「高い！」と思う方がほとんどでしょうが、逆に、だからこそ差別化・参入障壁であったりするわけです。例えば、ＰＳＥ認証が全部で2～3万円で終了するとなれば、おそらくほとんどの人がためらわず実施するでしょう。

もちろん、許認可認証にかける費用はできる限り下げたいというのが本音でしょうが、一方で、安すぎるとそもそもやる意味がない、という一面もあります。そういう意味で、何でもかんでも許認可認証するのではなく、売れる確信あるものを許認可認証するという心づもりも必要でしょう。

当社に対しても、「認証費用はいくらですか？」という質問はきますが、簡単に見積りを伝えても、結局やらない人が大半です。どんなに情報を仕入れたとしても動かない・動けない理由は、資金が足りないからです。今回は簡単にですが、許認可認証費用の資金準備について説明します。

■政策金融公庫や信用金庫などからの融資

基本的に一番いいのは自己資金があることに間違いありません。毎月の利益や本業が別にあればその資金を充てることも考えられますが、許認可認証費用はそれなり発生するので、そのまま資金ショートさせるというのはあまり得策ではないかもしれません。

そうすると、まず考えられるのが政策金融公庫や信用金庫などの金融機関からの融資です。借り入れをおすすめするわけではありませんが、そうした手段もあるということは選択肢として覚えておいても損ではないと思います。

■自治体の補助金

当社では以前に、在所している神奈川県横浜市の事業継続・展開支援補助金（販路開拓支援型）にＰＳＥを行うための資金で採択されたことがありました。

所属する自治体や補助金の種類によって採択される内容や申請書の書き方も違うでしょうが、「商品開発」という切り口にすると採択側の興味を引ける印象があります。

実際に、当社のお客様でも補助金利用をして許認可認証される方は少なくありません。是非いろいろ調べてみてください。

■他事業者とシェア、クラウドファンディングなど

その他の方法としては、第１章でも書いたように他事業者の方と販売先をすみ分けて費用をシェアする、あとはクラファンに出して、先に費用を集めてしまうというやり方もあります。

なお、所属する自治体によって取扱いの有無に違いがあると思いますが、クラウドファンディングのサイト利用手数料や、プロジェクトページを制作するための動画制作費、プロジェクトを拡散するためのＳＮＳ広告費など、クラウドファンディング自体に補助金・助成金が発生する可能性もあります。ぜひ、そうした点も確認してみてください。

7　Amazonや Makuakeなどに事前に必要資料などを確認する

クラウドファンディングについて触れましたので、もう少し深掘りしておきます。許認可認証をしたとしても、必ずしも商品が売れるわけではないということは先述しました。そうした際、許認可認証をした商品のマーケティングや広告を兼ねてクラウドファンディングを利用する人も増えています。当社のお客様の事例をご紹介します。

■クラウドファンディングで目標額４００％越えした事例

このお客様は、中国工場でＯＥＭ生産した乾燥機を自社ブランドとしてMakuakeに出品されました。プロジェクト成功後にAmazonにも展開しました。その後、リニューアル版に際してもＯＥＭを実施して、３０００以上を販売されています。当社では、ＯＥＭコーディネーターご紹介、生産工場探しのサポート、ＰＳＥ認証のサポートをさせていただきました。

許認可認証をキチンと行い、さらにクラウドファンディングのプロジェクト成功まで持っていけると、商品自体もかなりブランディングすることができます。かなり夢のある話ですが、一方で必要資料の提出も厳格に行われます。特に最近では、上場を果たしているプラットフォーム企業も多くなっており、コンプライアンスの管理も厳しくなってきています。

【図表 32　Makuake ページ】

■販売時には認証の証明書や自主検査レポートなども求められる

クラウドファンディングへの許認可認証商品の出品について、社会のコンプライアンス意識の高まりを受け、現在はプロジェクト前の事前確認などでもとても厳しくなってきています。例えば、販売ページに証明書のコピーを掲示しないといけない、ということもあるようです。

当社のお客様から聞いた話ですと、許認可認証の対象外商品だと判断できる場合、その判断をした人間の名前を答えさせられたりもするそうです。

一方で、認証が全部終わってからでないとプロジェクトが進められないとなると、ビジネスのスピードが落ちてしまうので、当社のような認証代行会社もしくは検査機関で試験を進めていることを証明できる契約書などの提出を求められることもあります。

また最近の Amazon もかなり厳しくなってきてお

り、すべての許認可認証に共通しているのはそれぞれの証明書の提出であり、それ以外にも、PSE・PSCでは、経済産業省への事業届の写し、表示ラベルの写真（データ）、製品の自主検査レポートなどが求められます。これらが必要になることは事前に理解しておくようにしましょう。

■Amazon側も完璧に許認可認証制度を理解しているわけではない

このように言うと、Amazonから怒られてしまうかもしれませんが、あくまで現場ベースで感じた意見として書かせていただきます。当社で許認可認証を済ませたお客様より、Amazonから提出資料が揃っていないということで出品停止になっているというお問い合わせが少なくありません。例えば、単純に自主検査レポートが足りていないということであれば、それを再提出してもらえればいいのですが、中には経済産業省と確認できている法解釈内容についても、そのエビデンスを提出して欲しいと言われることもあります。正直、エビデンスなどはなく、法解釈と検査内容などを照らし合わせればおのずと答えが出る話なのですが、Amazonではそうしたものを読み込めないようなので、こちらから説明する必要があります。

事業主の方もそこまで法制度を理解されていないので、そうすると実務経験がある当社のような代行会社が必要になってくるかもしれません。少し厄介なのが、Amazonは拒否する明確な理由を言わないことがほとんどなので、反論するためにも理由を類推する知識が求められてくる点です。ただ、Amazonを論破しても仕方ないので、冷静に出品許可が出る道筋を探ることが重要です。

第4章

許認可認証を進めるうえで中国工場の協力は不可欠！

1 「世界の工場」と言われる中国工場の実力

ＥＣサイト物販をやっている方で、「中国工場？」と訝しがる方はいらっしゃらないと思います。ほとんどの方が中国から仕入れているでしょうし、その品質の高さを認めていることでしょう。むしろ、今の日本において中国製品でないものを探すことのほうが難しいかもしれません。しかし、初めて中国輸入に携わる方もいらっしゃるかもしれませんし、おさらいの意味も込めて簡単に書いていきたいと思います。

■中国が「世界の工場」と呼ばれる理由

中国が世界の工場と呼ばれる理由は、次のとおりです。

①労働力の安価な供給

人口が多く、労働力が豊富であり、そのため労働力の供給が比較的安価であり、多くの企業が中国での生産拠点を設けることができています。

②輸出志向の政策

輸出を推進する政策のもと、海外市場に向けて製品を生産することを奨励しています。そのため、多くの中国企業が輸出を行っています。

③製造業の集積

中国には多くの製造業が集積しています。このため、部品や原材料を調達することが容易で、さらにサプライチェーンの効率化も図れています。

④技術革新への取り組み

技術革新を重視する政策のもと、技術革新によって生産性の向上を図っています。

⑤地理的な利点

中国は、アジア、ヨーロッパ、北米の間に位置し、輸送において地理的な利点があります。また、輸出入における貿易インフラ整備に力を入れています。

■本当に世界中のメーカーが中国で生産をしている

中国から直接輸入している日本の事業者はもちろんのことですが、メーカーは韓国、台湾、アメリカ、ヨーロッパなど世界各国にあるというお客様も、「実際につくっているのはどこですか？」と聞くと、そのほとんどが「中国」という回答します。

１つ覚えておいていただきたいのは、「メーカー」と言っても、必ずしも生産機能があるわけではなく、営業・販売・マーケティングなどを行っている事業会社をメーカーと呼び、実際に生産しているのは資本関係のない他社工場ということはよくあります。

そういう意味で、中国は世界中のメーカーの商品を一手に生産しており、その生産技術も必然的に向上しています。さらに、世界各国の認証なども積極的に取得していますので、正直、生産技術という意味では日本は遠く及ばなくなってしまっている側面もあります。

本章では、こうした中国工場との上手な付き合い方について解説していきます。

2 中国工場とのGoogle翻訳（英語）のやりとりは基本ＮＧ

■英語でのやり取りでは話が進まない

現在は翻訳アプリなどの精度も上がってきていますので、中国工場とのやり取りも比較的容易になってきています。工場に対して指示をする際は、英語でも中国語でもどちらでも可能ですが、英語で連絡している方が多いようです。

理由として、英語であれば、翻訳した際にどういった内容になったか自分でもある程度わかりますが、中国語にすると何を書いているのか自分でも把握できません。なので、英語で送る

【図表33　中国の工場風景】

出典：当社が以前に、コードレスクリーナーを500台購入した中国・蘇州工場。蘇州は掃除機製造の集積地として、イギリス・ダイソンの工場もある。この工場はドイツ向けに年間９万台を生産。筆者撮影。

ことが大半でしょうし、中国側も英語で返してくれます。

この際、日本人の勘違いとして、英語で送って英語で返ってくれば相手に伝わっていると思ってしまうことです。もちろん、既製品のやり取りレベルであれば、それで十分かもしれませんが、許認可認証という技術的な話になると、相手に言葉としては伝わっているかもしれませんが、間違いなく腹落ちはしていません。

日本人と中国人がそれぞれカタコト英語でやりとりしていて、話が進みませんという方が多いですが、私からすればそれは当然のことです。

■必ず中国語か日本語で相手に伝えよう

許認可認証というものは、製品の技術的な問題でも、法制度の問題でも専門的な内容が大変多くあります。カタコト英語では伝わりきらないと考えるのが当たり前です。下手に英語で送るくらいであれば、wechatで直接日本語を送るというのも1つの手です。

注釈でも書いていますが、wechat（微信）ではメッセージを長押しすると「翻訳」というタブが出てきますので、一瞬で翻訳を掛けてくれます。もしくは、日本語を理解している中国人を代行として中間に入れるなどしてください。

そして、中国側の言っていることを細かく理解するようにしましょう。中国側が動かないときは、必ず背景があるわけなので、その理由をしっかり中国語で探るようにしてみてください。

【図表 36　wechat の画面】

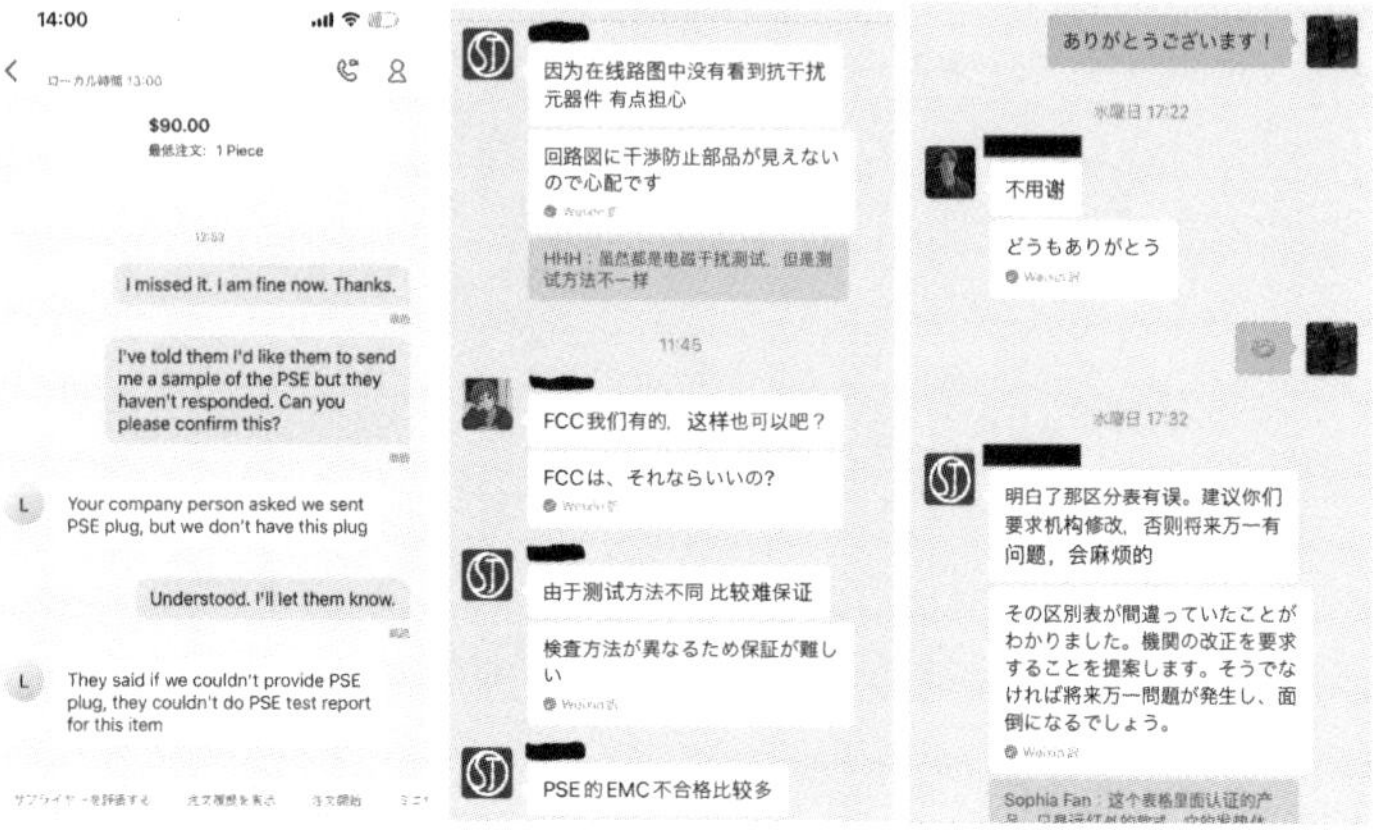

■ wechat を使いこなそう

中国輸入ビジネスをされている方であればほとんどご存知かもしれませんが、念の為説明しておくとwechat というのは、一言で言うと、中国版 LINE のようなもので、中国人の多くが利用しているアプリです。

日本からでも利用することができ、翻訳機能もあるのでコミュニケーション手段として大変便利です。

（左）中国人と日本人の英語やりとり、話が伝わっていない様子

（中）中国人同士が中国語でやりとり、wechat はメッセージ長押しで翻訳可能

（右）筆者と中国人でのやりとり、wechat はメッセージ長押しで翻訳可能

時折、中国のアプリを使いたくないという拒否反応を示す方もいらっしゃいますが、中国ビジネスをする上では、wechat は必須アイテムです。

3　許認可はかなり専門性が高く一般的な買い付け代行会社では理解ができない

■買付代行会社と認証代行会社は別物

一般的に中国から物を仕入れる際に、工場と直接やり取りするか、買付け代行会社を通して行うか、どちらかになるでしょう。その流れは、許認可認証をする際も同様です。

ただ、ここで一点気を付けていただきたいのは、買い付け代行会社と認証代行会社は別物であるということです。

許認可認証に少しでも知識がある方であれば、それは専門性の高い分野なので、普通の買い付け代行会社に依頼しても、話を進まないということは理解していらっしゃるでしょう。

一方で、中国輸入の初心者であったりすると、買い付け代行会社に言えばなんでもやってくれると勘違いしている方も多くいらっしゃいます。

■日本の許認可認証を（ある程度）理解している代行会社が必要

ＰＳＥ、ＰＳＣ、（日本の）電波法など、日本の許認可認証となると日本の法律を守らせないといけませんし、日本の技術基準でモノをつくってもらわないといけません。特に、それぞれの日本の法律は世界の許認可認証とリンクしていない部分も多く、いわゆるガラパゴスな部分も少なくありません。

そうすると、中国人の工場担当者に日本の法律（技術基準）をキチンと理解してもらわないといけません。自分に置き換えてみて、例えば、アメリカの法律を英語で理解するのは至難の業であると容易に想像ができると思います。少なくとも、中国工場にPSEやPSC、電波法認証してもらうのは、程度の差はありますが、実はそういうことを要求しているのです。

それを一般的商品の買付け代行会社に依頼するのは難しいだろうことはご理解いただけると思います。さらに、通常の買付け代行会社は、日本語が少々できる中国のOL、主婦などが担当者になることがほとんどです。差別的な言い方になってしまうかもしれませんが、事実としてこのような人たちに日本（外国）の専門性の高い法律を理解してもらうのは、少し厳しい話です。

■許認可認証の数だけ法律、技術基準が存在する

PSE、PSC、電波法、食品衛生法など一言で言っていますが、当然ながらすべての許認可認証において別々の法律があります。一般的な買付け代行会社がすべてを網羅していて、都合よく自分のやりたい認証を理解していると考える方があり得ないとわかるでしょう。

検査機関であっても分野によって得意、不得意はあるでしょうし、そもそも取扱いをしていない許認可認証もあります。なので、まずは許認可認証の代行会社に段取りを確認してみましょう。

■一般的な買付け代行会社と許認可認証の代行会社は分けて2つと契約するのが妥当

一方で、許認可認証の代行会社はいわゆる技術専門家なので、一般的な買付けの際に生じる値段交渉であったり、購入した商品を届けてもらう際の物流手配などは行いません。こちらは買い付け代行会社に依頼しましょう。

要するに、許認可認証商品を扱う際は、２つの専門代行会社を使うようにしてください。それぞれの代行会社に、それぞれ専門外の話をしていると本当に話が進んでいきません。そうしたビジネスの内情を理解するだけでもスピード感が変わってきます。

4　許認可認証が必要な製品は必ず工場と直接話をしよう

■面倒くさいことはやりたくない

中国から商品を購入する際の多くはアリババ経由でし

【図表35　許認可認証を進めるために理想的なチーム編成】

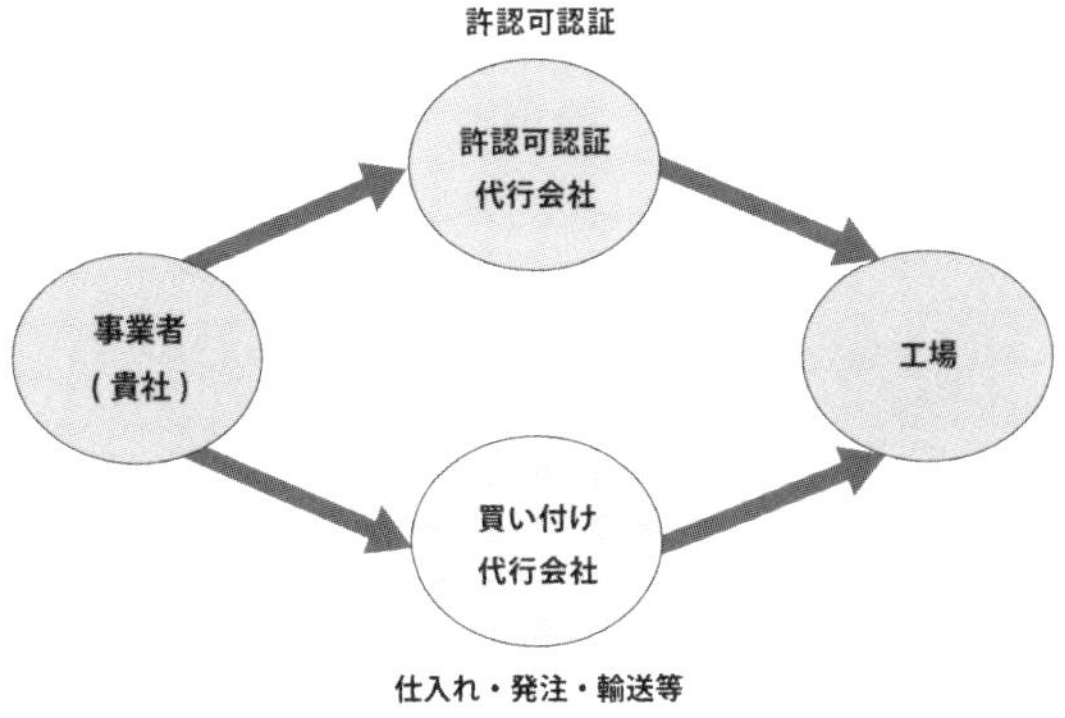

【図表36　アリババ購入における一般的な流れ】

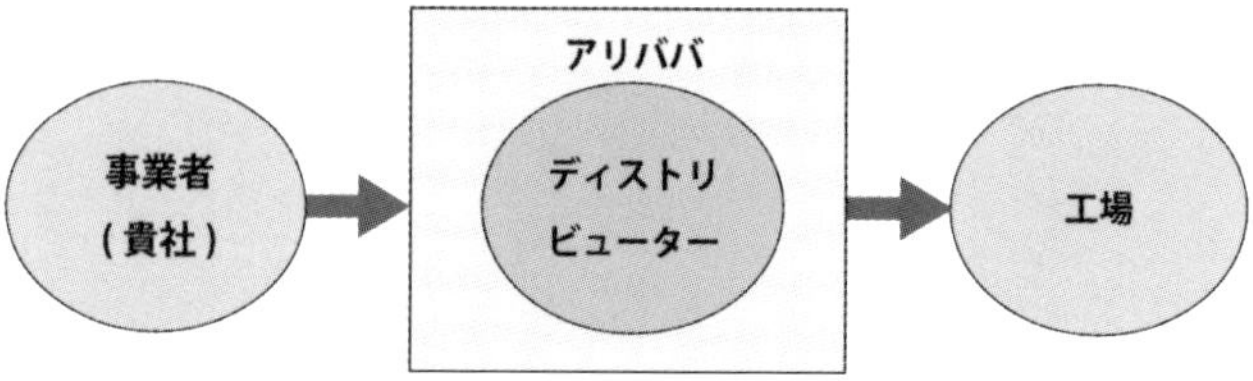

ょう。それ自体は問題ないのですが、理解しておいていただきたいのは、アリババに出店している販売者の多くはディストリビューター（代理店）であり、生産工場ではないことがほとんどということです。

なぜ、工場が直接出品しないのかその理由はよくわかりませんが、現実の状況としてそのようなビジネスが成立しています。

ただ、これが悪いということではなく、通常の既成品を購入する程度であればディストリビューターでも全然問題はありません。

問題になってくるのは、許認可認証などが必要な場合です。お伝えしているように、専門性が相当高いので、一般的な買付け代行会社では話の理解ができませんが、それはディストリビューターにおいても同様です。

ＰＳＥ、ＰＳＣ、電波法などの許認可認証をしたいと言っても、彼ら彼女らの頭にはクエスチョンマークだらけ。一言で言うと、「面倒くさいから放っておこう」となります。こういったことの話が進まない理由の1つですが、これを「仕事に対する責任感がない」などと責めてはいけません。

【図表37　許認可認証を進めるために工場との直取引が重要】

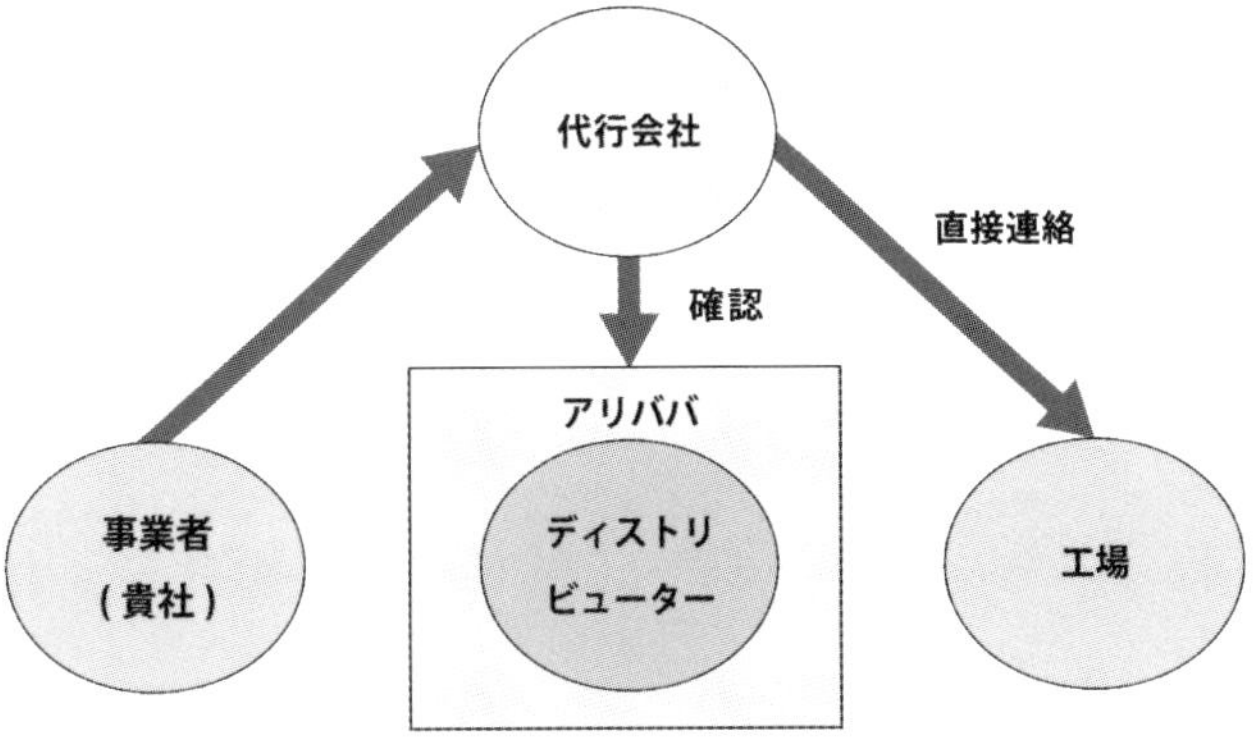

国籍問わず誰であっても、面倒くさいことはやりたくありません。しかも、下手に通常業務以外の対応をして、大事な取引先である工場の機嫌を損ねるリスクは取りたくないのは、ビジネスとしての判断としては間違ってはいないと思います。

■生産工場とは直接やり取りが基本

これは結構、物販上級者でも知らない方も多いのですが、基本的にアリババのディストリビューターは通さず、工場に直接連絡を取って、交渉するのが一番です。特に、各種許認可認証においては、試験を行うためにも商品サンプルや技術資料などを提出してもらうことになります。

こういう業務をディストリビューターを通してやっていたら、それこそ一生終わらないかもしれません。アリババに出店している販売者（ディストリビューター）は複数いますが、実は工場は1つで、みんなそこから購入しているということはよくあります。

当社にも、ディストリビューターに話をしても進んでいかないというご相談を多くいただきますが、その際には、工場と直接やりとりするようにアドバイスさせていただいております。

■ベテラン買付け代行と認証代行でチームをつくる

生産工場としても直接連絡をされても煩わしいと感じるのが当たり前です。何にもわかっていない新人買付け代行が連絡しても、相手にされないかもしれません。そもそも、工場を見つけるということもできないでしょう。なので、ベテランの買付け代行を起用しつつ、認証代行は別に専門家を雇う。こういったチームつくりが重要になってきます

5　許認可認証において工場の協力は必須！　まずはそこから抑えよう

■許認可認証出は工場の協力が不可欠

本書のテーマの1つのである「(中国の) 生産工場 (との付き合い方)」に関して、ホワイトカラー化が進む現在の日本のビジネスマンにとって、その実態イメージが付きづらいように感じます。それはＥＣ物販を経験者であっても同様だと考えています。

基本的に、アリババ (ディストリビューター) 経由で購入している限り、生産工場と接すること

はありませんので、そういう意味では日本で仕入を行うのと大差はありません。

しかし、許認可認証に関して「工場の協力」は絶対に欠くことができない要素です。少し複雑ですが、ここを覚えると事業者としての知識レベルが一気に飛躍するので、ぜひ何度も読んでいただき使いこなしていただければと思います。

■工場の形態を大きく分けると「メーカー直営」と「独立系」

メーカー直営というのは、その名の通り、国内外の有名メーカーの商品を専門的に生産している工場です。技術的な蓄積も多く、また専ら当該メーカーの商品のみを生産しているため、特許権・意匠権などの知的財産権などの問題もあり、一般的に外部からの依頼・仕事を受けることは少ないと思われます。

一方、独立系工場には自ら営業して様々なメーカーと付き合いのある工場、ＯＥＭを中心にした工場、（下請けの）組み立て工場、など多種多様に存在しています。日本のＥＣサイト事業者がコンタクトを取る（取れる）のも、こうした工場がほとんどでしょう。

さらに言うと、どのような形態であれ、部品などを含めてイチからすべて製造・生産している工場はほぼ皆無であり、程度の差こそあれ、部品やモーター、電源、筐体など様々のものを取り寄せて最終製品の組み立てをしています。言うなれば、存在するすべての工場は何らかしらの組み立て（アッセンブリー）工場なのです。

時折、「組み立てだけをやっているアッセンブリー工場で許認可認証ができるのですか？」という質問を受けることがありますが、むしろアッセンブリー工場ではないのを見つけるほうが難しくあるのが実情です。もちろん、アッセンブリー工場だから許認可認証ができないということはないので、その点は安心していただければと思います。

■工場の形態を知らないと許認可認証の進行に支障をきたす

工場の形態を知っていることがそれほど重要なのか？　と思われるかもしれませんが、とても重要です。見つけた工場がどのようなビジネススタンスで商品を生産しているかを理解していないと、想像している通りにサンプルや技術資料などが提出されないという危機に直面することも多々あります。ちなみに、許認可認証に必要な資料も工場がすべて自前で有していることはなく、部品サプライヤーから取り寄せていることがほとんどです。

例えば、さまざまなメーカーと付き合いがあるような工場であれば、こうした資料の取り寄せも早いでしょうが、親工場の下請け工場であれば、サプライヤーと交渉する権限がなく資料が出てこない、もしくは、製品機密に該当するような資料も自分たちで有しておらず、親工場と交渉してもらうことになります。

そうすると、親工場からの許しが出ないから資料提供ができない、などという事態に陥る可能性もあります。というわけで、その工場がどのような立ち位置でビジネスをしているのか事前に確認するようにしましょう。

６　許認可認証は工場が協力さえしてくれれば何とかなる

■失敗・不合格の場合、返金はされないが、再チャレンジは可能

当社がよく受ける質問として、「許認可認証に失敗・不合格になったらどうなるのでしょうか？」というものがあります。認証代行会社の当社に対しての質問の意味としては、「失敗したら、支払ったお金は返金してくれるのですか？」ということだと捉えています。

先に結論を言うと、検査機関などの支払いは基本的に先払いなので、途中で不合格になっても返金はされません。しかし、誤解されている方も多いですが、ＰＳＥやＰＳＣ、電波法などの許認可認証というのは、一回不合格になったらそこですべて終了ではなく、その対策をしたサンプルを送り直し再試験をして、その内容で問題なければ合格となるのです。

また、技術資料を工場が提出してくれないというのは、工場の協力の気持ちの問題であって、資料そのものが存在しないということはまずあり得ません。誰かしらが必ず保有しています。というのも、技術資料がなければ製品はつくれないからです。

詰まるところ、工場に協力してもらうことへのアピールが足りず、協力の気持ちが得られることができない、というのが原因です。

【図表38　中国の電化製品工場の様子】

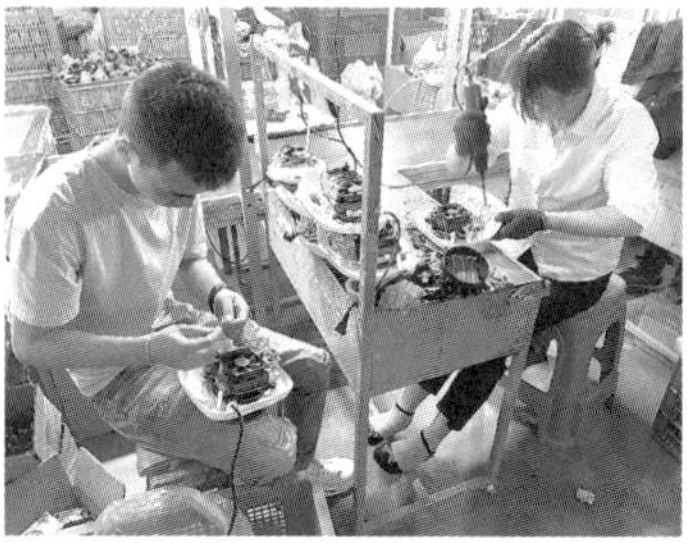

■許認可認証が途中で止まるのは、工場が旨味を感じなくなったとき

まず、許認可認証が途中で止まる云々以前に、工場が協力して試験サンプルや技術資料を提出してくれなければ試験をスタートさせることもできません。

また、首尾よく試験開始ができたとしても、前述したように途中で不合格になったら工場に不合格内容部分を修正した対策をしてもらう必要があります。

当社の事例をお伝えすると、一部で試験不合格になった場合、対策サンプルのディレクションなどをさせていただいております。しかし、どれだけアドバイスをしようとも実際に手を動かすのは工場です。工場がやってくれなければ何も動きませんし、逆に言うと、工場がやってさえくれれば試験は何とかなったりするものです。

■協力をしてもらうには旨味（利益）を感じてもらえるかどうか

そのようにやってくれるかどうかの差というのは、いろいろ要因がありますが、究極的に言うと、旨味を感じてもらえるかどうかです。どんな難しい試験であって手間がかかったとしても、その後に潤沢な利益が待っていることがわかれば工場は協力をするものです。技術的なサポートが必要であれば、代行会社などを入れることも視野に入れる必要があるかもしれません。

もちろん、協力してくれても日本の許認可認証に合格できるレベルにない弱小工場であれば、そもそも協力を仰ぐ必要もありませんが、海外向けに販売を行っている今の中国工場であれば、そうした工場を見つけることのほうが難しいというのも事実です。

許認可認証をしてみたいという商品に出会った際には、まずはその工場にどうやったら協力をしてもらえるかを考えてみるようにしましょう。

7　無料では協力してくれないので、必ず購入個数を確認しよう

■自分の欲しい数通り買えるとは限らない

ＥＣサイト物販の経験がそれなりにある方ならわかるかもしれませんが、いわゆる「仕入」の経験がまだない方はイメージしづらいでしょう。

実は、中国のアリババや生産工場から商品を仕入れるという行為は、日常生活にあるような一般小売店での購入とは全く様相が違います。その違いはいろいろありますが、特に顕著なのが、必ずしも自分の欲しい数通り買えるとは限らないということです。

小売店では、1個とか2個など自分の懐と相談しながら自分の欲しい数で購入できますが、中国

工場から仕入れる際は1個2個などの購入個数はありえません。もちろん、サンプルとして数個買う場合もありますが、そうすると、余っている不良品に近いようなものが送られてくることもよくあります。

きれいな包装箱に入っていることは稀で、何にも梱包されていないダイレクトの状態で送られてくることも日常茶飯事。中国輸入に慣れていない人からすると、「だから中国は雑だ」などと早合点してしまいがちですが、むしろそれが当たり前です。

少数のサンプルを送ってくれるだけでもありがたいと考えたほうがいいでしょう。その点はマインドを変えていきましょう。

■工場の協力は発注個数で引き出すもの

許認可認証において重要なことは、工場の協力であると先述しました。工場の協力さえあれば、何とか試験は進められます。その際、勘違いをされている方もいらっしゃいますが、工場の協力というのは相応の発注個数を提示して引き出すものです。

決して、言葉遣いを正しくするとか、チャットの文面に可愛らしいアイコンを入れるとかそういうことではありません。何個買うか？　それが重要です。ドライのように聞こえますが、それが現実です。

特に、許認可認証というのは工場にサンプルや技術資料を出してもらったりするわけで、工場としても、それだけ手間のかかる協力を要請してくるのであれば、沢山購入してくれることを期待するわけです。それが、まずは10個20個からという話をして、協力をしてくれると考えるのは都合がよすぎるというわけです。

以前のお客様で、工場が許認可認証に協力してくれないと悩んでいたお客様に、「いくつ購入するんですか？」と聞いたら、「10個」という回答。それじゃ協力なんてしてくれません。なるべく少ないロットで試し売りしてから量を増やしたいという気持ちはわかりますが、工場には工場の都合があります。

販売する商品にもよりますが、最低１００個、単価によっては３００個、５００個などを提示してみるようにしてください。そんなお金はない！　という方は、第３章の「資金準備」に関するページをあらためて参考にしてみてください。

■お金のやり取りは着手30％、着後70％がスタンダード

許認可認証の一般的な流れとして、許認可認証したい商品を決める→工場に連絡する→認証代行会社などに試験手配をする→工場に着手金を払う（30％）→試験をする→希望個数を生産してもらう→着後金を払う（70％）→日本に輸入となっています。

協力をしてもらうにも、「○○個買う」というだけでなく、実際にお金を払ってからプロジェクトがスタートする、ということを覚えておいてください。先にお金を出さないと何も始まりません。

8 工場にどういう協力を依頼するのか把握しよう

中国の生産工場の多くは「メーカー専属工場」と「独立系工場」の2つに分かれ、さらに「独立系工場」は自社開発メイン、OEMメイン、親工場の下請け工場に分かれることはお伝えしました。

一方、工場に協力にしてもらう主な内容として、試験サンプルの提供と技術資料の提供がありま す。具体的な内容や進めていくうえでの注意点は後述しますが、まずは工場がどういったスキームで仕事をしており、どのようなポイントがネックになってくるかお伝えします。

■提供資料はすべて工場オリジナルである必要はない

繰り返しになりますが、むしろすべての資料が工場のオリジナルであることのほうがあり得ない話です。なぜならば、ほとんどの工場は関係工場や部品サプライヤーなどから集めた部品・材料を使って商品をつくり上げる組み立て工場ですので、自社ですべての資料を用意できるわけがありません。必要な各資料は工場の各取引先から集めてもらうことになります。

工場にやってもらうのは、製品に使用している部品の各資料をまとめてもらって「部品表」を作成してもらうことです。そうした「部品表」がPSE、PSC、電波法などの各許認可認証の要求を満たしているかどうかの確認を検査機関や代行会社が行い、問題がなければそのまま進めますし、資料内容と部品が一致していない、資料が不足しているなどがあれば工場に伝え、再度、サプライヤーなどの取引先に確認してもらうことになります。

【図表39　電気回路のイメージ】

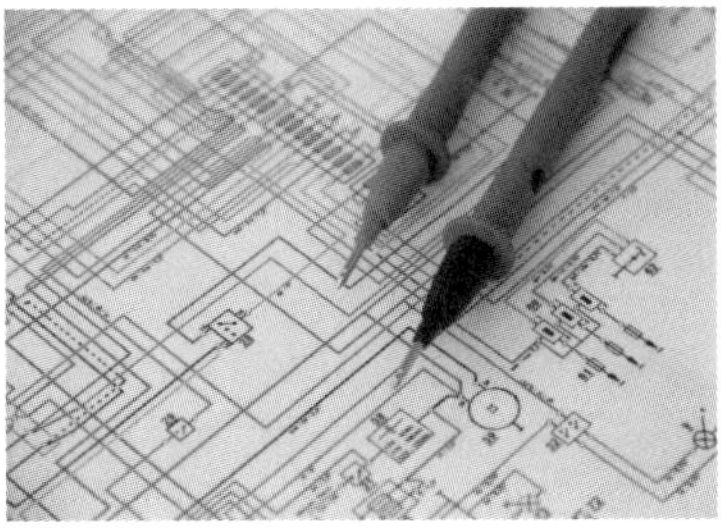

■電気回路図などのいわゆる設計図は工場から直接出してもらう

各部品の資料は取引先から取り寄せてもらうわけですが、聞き慣れない言葉かもしれませんが、「回路図」などの設計図（図表41）は工場から直接提出してもらうことになります。

組み立て工場の仕事は、回路図などを用いて取り寄せた部品を組み立てて1つの製品を組み立て完成させることです。

回路図は自前で作成するのか、どこからか購入するのか、親工場から支給されるのかなどはケースバイケースですが、いずれにしても自社で保有しているはずです。なければ製品を組み立てることはできません。

■工場が動かない・対応してくれない!?　その理由・背景を探ろう

工場が協力してくれない理由として、原因は発注個数つまりお金の問題だということがほとんどだと先述しました。その理解で概ね正しいのですが、工場としては協力する気持ちがあったとしても、工場の取引先が資料を出してくれない、時間が掛かるということも考えられます。

また、親工場から支給された回路図などを使っている場合、それを検査機関に提出していいか、そういった確認のために時間が掛かる、もしくは提供ができないということもあり得ます。工場の協力が悪いときにその都度イライラせず、その原因を確認して対策を立てていくことが重要です。

9 既に許認可認証をしているかは必ず確認してから話を進めよう

本書は許認可認証を取得するための方法を書いておりますが、実際のところ、目を付けた商品が既に日本の許認可認証がされている場合もあり、それについても説明しておきたいと思います。

■既に日本の電波法認証をしている場合もある

許認可認証の世界に慣れていないと、そもそも許認可認証という制度が日本だけのものと思ってしまいがちですが、当然そのようなことはありません。世界各国、地域それぞれで許認可認証・規制というものは存在しています。むしろ、日本より全然厳しい国・地域のほうが多いです。

その中で、「電波法」という単語そのものは日本だけかもしれませんが、無線電波を取り締まる法律そのものはほぼすべての国で存在しています。世界の工場である中国は世界各国の電波法の取得をするのが一般的です。ただ、日本の電波法に関しては、日本にしか適用されないので日本の輸

【図表40　買付け担当者と依頼主、当社のやりとり画面】

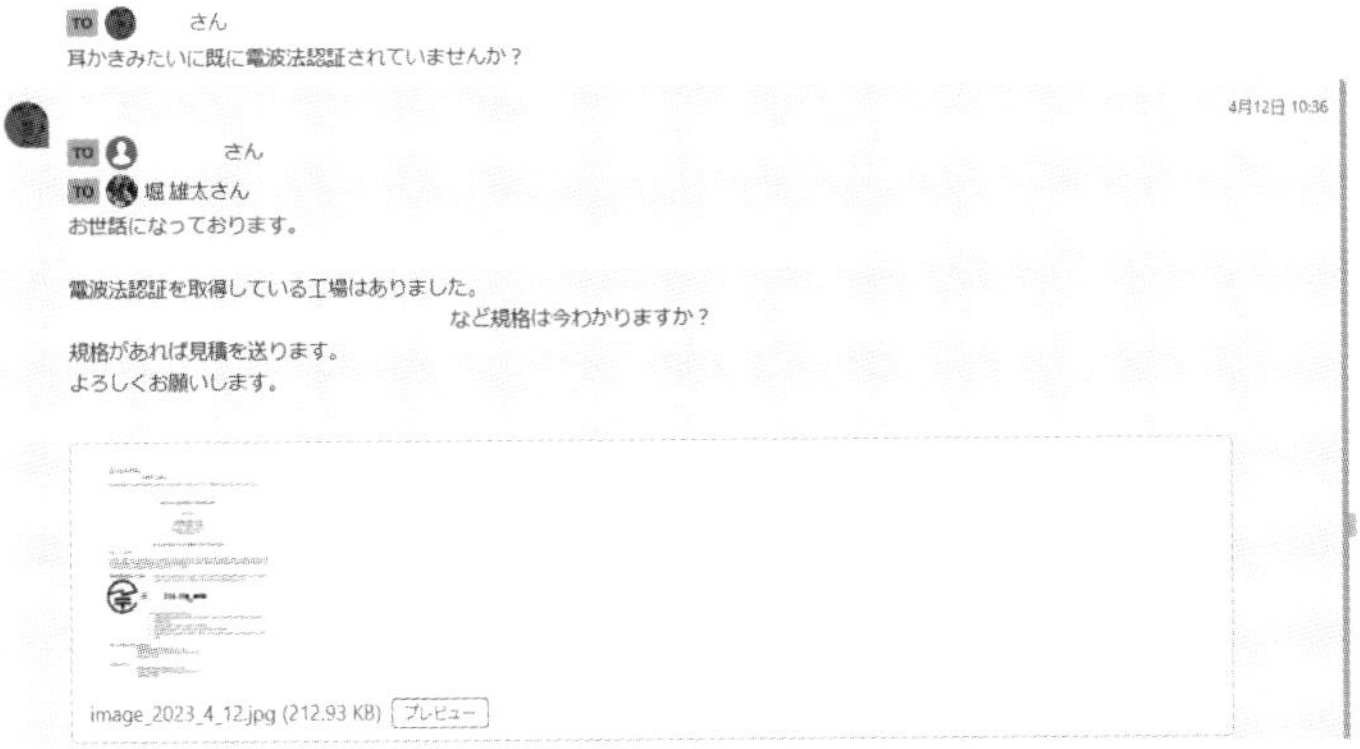
TO さん
耳かきみたいに既に電波法認証されていませんか？
4月12日 10:36
TO さん
TO 堀 雄太さん
お世話になっております。
電波法認証を取得している工場はありました。
など規格は今わかりますか？
規格があれば見積を送ります。
よろしくお願いします。
image_2023_4_12.jpg (212.93 KB)
プレビュー

人事業者から要望があるときだけ行う、というのがほとんどです。

一方で、日本のAmazonで売るために日本の電波法が必要な中国人セラーも多くなってきているので、そうした人たち向けに工場自らが電波法認証をしているケースも存在します。

そういったこともあるので、Wi-Fi、Bluetoothなどの無線電波だから電波法認証が必要と即断せずに、まずは「日本の電波法を取得しているか？」と確認するようにしてみましょう。

■交渉役の買付け代行はベテランが必要

先述したように、アリババではディストリビューターが存在し、「日本の電波法を取っているか？」と聞いても対応してくれないことが多くあります。そうすると、やはり工場との直接交渉が必要になるので、それができるベテランの交渉役を手配する必要があります。

認証取得していることがわかれば、後は注文数を確認して、所定のやり取りをすれば電波法認証品として販売することができるようになります。

■安く済む分、許認可認証の壁を低くなるというデメリットも

許認可認証費用を払わないのでその分かなり安くできるメリットもありますが、その一方で、工場が自ら取得しているので、工場は商品を誰にでも販売する権利があります。そうすると、許認可認証で差別化するという点で見ると、少々デメリットにもなります。

ただ、初めて許認可認証商品を扱うという場合は、こういったケースで取り扱いに慣れるというのもいいかもしれませんし、むしろこういったノウハウは本書でしか書かれていないでしょうから、しばらくはアドバンテージになるかもしれません。

なお、後述しますが、丸形ＰＳＥでも同様の対応は可能ですが、電波法とは別次元の難しさがあるので、そちらも確認いただければと思います。

10　自分は日本人だ！　というジャパンブランドは時代遅れ

まず覚えておかないといけないことは、「海外では日本の常識は通用しない」ということです。これは本当に大事なことですが、日本人と中国人（外国人）は根本的に考え方が違います。

例えば、「納期」に関して、日本人は納期は絶対に守らないといけないと考える一方、中国人は守るように努力はするけどダメだったら仕方ないと考えたりします。もちろん、両者において１００％そうだということはありません。あくまで一例です。

■中国工場は日本人が考えている以上に忙しい

何度もお伝えしているように、世界の工場・中国と言われており、本当に世界中から大量の注文が入っています。そうした際に、特に日本の個人の事業者からの小口注文などは後回しされがちです。当人からすると、バカにするなと憤るかもしれませんが、しかし、残念ながらそれが世界の常識です。

アパレルや雑貨などの既製品であれば余っているものをそのまま購入できることもあるでしょうが、特注が必要な電化製品系となると、つくるのも大変ですし、日本の許認可認証が必要となるとさらにその難易度も上がります。

本書では、「(許認可認証において)工場の協力が必須」と言っていますが、本質的な部分で言うと、「協力をさせる」というよりは「協力をしてもらう」というスタンスが上手くいくと感じています。

一方、未だに中国人を下に見て傲慢な態度を取る日本人が存在するのも事実ですが、こういった方は一発アウトです。中国人は面子をとても大事にしますし、バカにされることを極端に嫌います。

もちろん日本人だって、自分をバカにされたらそれはずっと後まで根に持つことになるでしょう。

人としても問題あるでしょうが、ビジネスで考えるとさらに問題があります。すべてのビジネスは対等な関係から成立します。

■手付金などは少し多めに払ってあげるなどの気前のよさも必要

礼儀正しく、相手に敬意を払った対応が必要なのは基本的なことですが、中国工場とのやり取りを円滑にさせるやり方の1つをご紹介しておきます。

例えば、最初に許認可認証のための確認に動いてもらうことがあれば、初期の見積り費用などに「確認費用代を計上しておいていい」などと告げておくと、担当者のやる気が俄然と湧いてくることがあります。商品代金に乗せると今後の支払いが大変なので、あくまで確認費用など別項目にしておきましょう。

ここで大事なのは、金額の多寡ではなく、自分が依頼している仕事量が多いと思ったら、気遣う言葉とともにある程度の手当てを出す姿勢はとても重要です。受け取るかどうかは向こう次第ですが、その気持ちが相手に伝わり、友好関係の一歩になったりします。もちろん、何回も渡す必要はなく最初の1回だけ。あとは何回も注文することで、貢献するようにしましょう。

中国輸入初心者の方でも、最近はいろいろ情報が出回っているので、利益を出すためにいかにして経費を掛けないか、ということばかりに焦点がいってすぐに値切ろうとします。もちろん、無駄な経費は削減すべきですが、何でもかんでも値切ろうとする新規客が来たらどう思いますでしょうか？　工場との付き合いには目に見えない経費が掛かったりするものだと理解しておきましょう。

11　中国工場との交渉を有利に進めるには

中国工場の言い分を理解しようというと、「大前提としてこちらは顧客であるのに工場の言いなりにならないといけないのか」という疑問が湧いてくるかもしれません。もちろんそのようなことはありません。何だかんだでこちらはお金を出しているお客であるので、要求すべきことは要求すべきであります。

大事なことは、日本と中国とでは商習慣や社会的背景などが違うということを理解したうえで、お金の出し方、お金を出す量を決定していく必要があります。

■どうしても言うことを聞かせたかったら大量注文するしかない

もしプロジェクトや販売内容によって、どうしても自分たち主導で決定していき、中国工場を完全に下請けとして扱うビジネススタイルを取りたいのであれば、先述した「無料では協力してくれないので、必ず購入個数を確認しよう」と似ている部分もありますが、やはり大量注文をするのが一番です。

具体的にどのくらいの数量をもって「大量」と言えるかはわかりませんが、少なくとも１０００個

【図表41　中国訪問時の記念写真】

以上を目安に購入すれば、工場も積極的に協力してくれるでしょう。

決してどのやり方がいいということはなく、ご自身の予算や経験にあったやり方を選択していけばよいのですが、大事なことはどういうやり方があるのかを理解・把握しておくことです。そうしなければ、単純に小ロット購入で、こちらの都合をどんどん押し付けて、工場に嫌われて、許認可認証やビジネスが進まない、という状態に陥りかねません。

そして、実際にそういった方を多く見てきました。ぜひ本書で学んでいただいて、工場との付き合い方の戦略を立ててください。

■可能であれば現地工場まで１回行きましょう

つい最近までは、コロナウィルスの影響で海外渡航も厳しくありましたし、ビザの制限もあります。この原稿を書いている２０２３年５月上旬の現在でも、ビジネスビザの制限もありますし、中国への渡航費用も高止まりしています。そういう意味で、まだ少し中国渡航のハードルは高く、打ち合わせをするとしても通訳を入れたＺＯＯＭなどのオンラインミーティング主流かもしれません。

ただ今後、時節柄１００％の推奨はできませんが、できるのであれば中国工場を視察してみるという機会を視野に入れてみてください。中国工場の担当者と直接会って話すことの重要性はかなり大きいですし、こちらへの信頼感も変わってきます。わざわざ日本から来てくれたというプレミアム感を与えることもできます。

情報があふれる現代において、結局、そうした行動が誰にも真似できない無形資産になってきます。以前は工場視察ということ自体、一部の事業者でしか実現できませんでしたが、今ではちょっとお金を出せば誰でもできます。ちなみに、工場に行くと、アリババにも出ていないような新商品が転がっていたりして、それを許認可認証するというやり方もあります。

ぜひ行動を積み重ね、チャンスを広げ、ビジネスを拡大されていってください。

12　許認可認証と不良は別物！

許認可認証をすれば商品の不良に関しても問題はないと勘違いされる方も多いのですが、実は両者とは必ずしもイコール関係ではありません。

もちろん、許認可認証をしていれば商品の安全性には問題はなくなりますが、その機能性・不良品については別問題となります。

当社が扱ったワイヤレスレーザーポインターを例に解説します。

【図表 42　不良品のワイヤレスレーザーポインター】

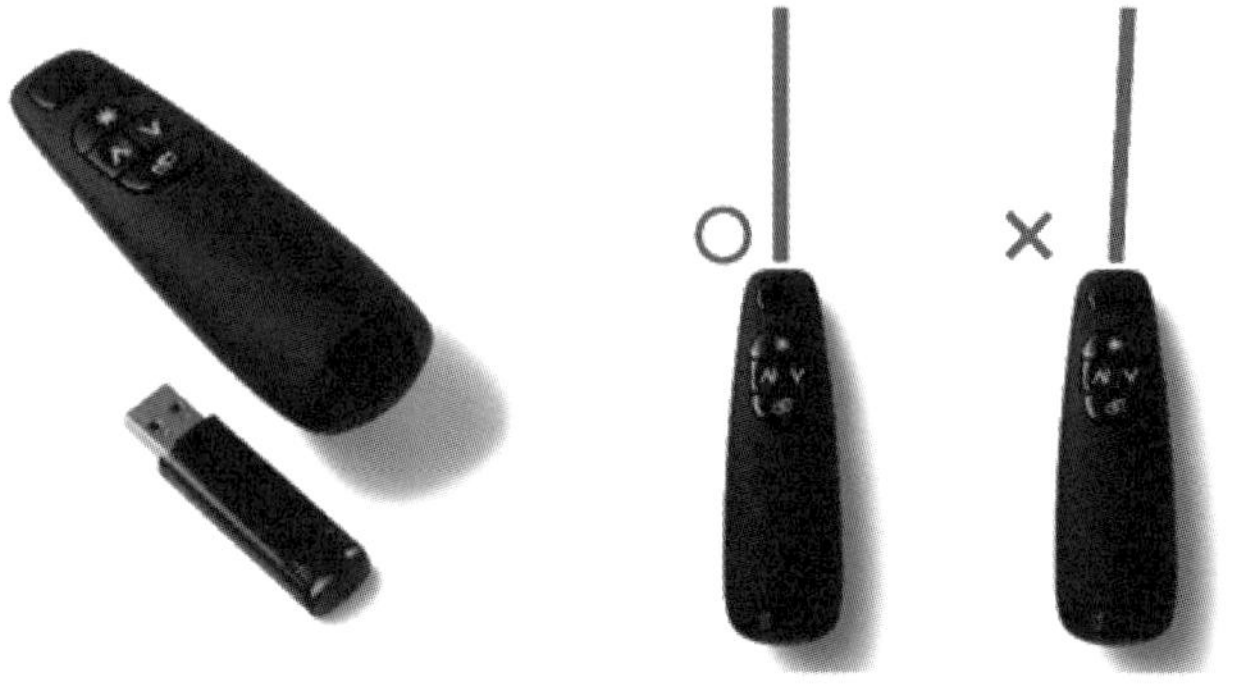

ワイヤレスレーザーポインター：セミナーなどで登壇者がスライドを指し示す商品

レーザーの照射角度が直角であるべきところ、若干曲がっていることが判明

■レーザーの照射角度が微妙に3度程曲がっていた

難関だったPSCレーザー試験を終え、意気揚々とAmazonで販売していたある日、検品を依頼していた中国の買い付け代行から連絡が入りました。

「レーザーの照射角度が3度くらい曲がっていますがどうしますか?」

図表42でわかりやすく図解してみます。

普通に考えて、レーザーというのは真っすぐ出るものだと考えますが、必ずしもそうはならないことをあらためて思い知らされた一件です。まず解説しておくと、PSCのレーザー試験というのは、レーザーの波長や種類などの確認を行います。つまり、レーザーの照射角度などについては不問です。

もちろん、検査機関に送ったサンプル自体は直角照射でしたし、多くの商品自体は直角です。しかし、中にはこうした不良品も混じってくることがあります。そういう意味で、許認可認証と不良は別問題と考えましょう。

■検品規定などをしっかり定めて工場と長く付き合う気持ちが大切

工場に対して、「これは不良だから返品したい」と伝えると、「こんなのは不良のうちに入らない」という返事。何回も書いておりますが、ここは中国工場と日本の事業者の商習慣・価値観の違いです。実際、工場としてはそのような考えでビジネスを行っているのでしょう。

これに対しては、文句の言いようもありません。しかし、このまま日本で販売をしていたらこちらがクレームの対象になりかねません。

結局「今回はこのまま引き取ります。しかし、これは日本だと不良となり、今後はこうした商品は不良品として扱わざるを得ないので、そうならないように努力して欲しい」と伝えると、工場も了解してくれました。

結局、相手に何が不良なのかを伝えて、少しずつ改善していく姿勢が必要です。許認可認証をしたからと言って安心せず、商品の品質は日々管理していきましょう。

物販プレイヤーが増えている中で、むしろ一回限りの売り切りというような短期的スパンで考えるビジネススタイルが難しくなってきているように感じています。売れる商品を見つけて、許認可認証で参入障壁をつくり、生産工場とともに日々進化していくやり方を実践していきましょう。

13　中国工場との交渉は自分で行わないのが大前提

代行会社などを雇う費用などを節約しようと考えて、結局失敗してしまう人が後を絶ちません。これまでご説明した中国工場との付き合い方における集大成のようなお話ですが、実際に自分一人で工場との交渉を進めて工場と行き違いがあり、認証を断られた事例をご紹介したいと思います。

先述したように、日本の認証試験を行うために、工場には、回路図、ブロック図、部品リスト、部品証明書、ＰＣＢレイアウトなどの資料提供を行ってもらいます。当然、工場側からするとそうした機密資料は外部に出したくない、という意見もあります。

しかし、それでは日本の試験はできないので、工場と検査機関との間にＮＤＡ（機密保持協定）を結んでもらうこともしばしばあります。当社では、その段取りを取らせてもらってお客様のサポートをいたします。

■話がついていると思った工場とは全く話がついていなかった！

とあるご依頼で、電波法認証における資料提供、サンプル提供について工場から了解を得ているということで、早速、工場担当者に連絡をしてみました。すると、工場にいくら説明しても、「ＮＯ！資料は出さない！」の一点張り。認証試験をするのであれば、自分たちの息のかかった検査機関で自分たちの直接でしか行わない、と言われたことがありました。

「おかしいな」と思って、こちらが懇意にしている中国現地代行会社を入れて確認してみると、「元々、資料提供はしない。試験をするのであれば、サンプルだけは提供するという契約になっている」ということでした。しかし、そもそもサンプルだけでは電波法認証はできないので、事業主も工場も、ともにその仕組みを理解しないまま契約に至っていたわけです。

中国語や英語などの相手とコミュニケーションをする言語や、実際に許認可認証で何をするのかという法制度部分をしっかり理解しないまま、「電波法認証をするよ」という軽い約束を鵜呑みにしてしまうと、あとから工場にはしごを外されることも十分にありえます。

事業主の方は、言葉悪いですが、中国もできないし英語もそれほど読めないのに軽い気持ちで契約してしまっていたことに気づきました。

■日本人ファーストは通用しない

結局、事業者が独り相撲で話を進めて、八方塞がりになってしまったという事例です。せめて、工場と契約する時点で誰か相談できる代行会社などがいればよかったのにと思います。

しかし、こうしたことはよくある話で、ご自身の都合がいいように解釈してしまい、工場が思うように動いてくれないリスクは十分あると認識しておきましょう。

自分が日本人だから、中国人から優遇してもらえるということは絶対にありません。優遇してもらえるとしたら、商品をじゃんじゃん購入し始めてからです。

費用節約は重要ですが、払うべきお金が払えないビジネスであれば、そもそも再検討したほうがいいでしょう。特に、最初の確認・調査に関する費用はとても重要で、それを怠った際のマイナスは常に意識するようにしてください。

■うまく進めるには調査費用を払いながら事前確認を行うこと

何から始めていいかがわかりにくい許認可認証の世界において、すべてを代行会社などに丸投げするのも1つの手です。しかし、どんなに試験手配のノウハウはあったとして、生産工場の協力がないと話が進んでいかないという現実があります。

資料がない、サンプルがないという場合、どんなに優れた代行会社であっても試験を成功させることはできません。その際に必要なことは、工場に対して必要書類が出せるのか、サンプルが出せるのかなどを事前に確認することです。協力してもらうには沢山買う約束をすることだと先述しましたが、それは協力の意思の取り付けであって、もう一歩踏み込んで、実際にそれができるのかの確認・調査が必要です。そのようにすることで、許認可認証がスムーズに進む確度が格段に上がってきます。当社でも、許認可認証前の調査・確認は力を入れて行っています。

ただ、こうした事前調査は試験とは別途費用になったり、全体費用の一部を着手金として支払う必要もありますが、先述したようなマイナスを回避するための効果的な対策と言えるでしょう。

第5章　具体的にどんな試験をするのか把握しよう

〔ＰＳＥ編〕

1　ＰＳＥ試験は具体的にどのようなことをするのか？

■ＰＳＥの試験項目

生産工場との付き合い方もわかってきました。では、許認可認証では実際にどのような試験項目があるのでしょうか？　１つひとつの試験内容はかなり複雑で、それは検査機関に委託すればよいのですが、大枠でどのようなことが実施されるのかを見ていきましょう。

一番問い合わせが多く、需要の高いＰＳＥから説明していきます。ＰＳＥの主な試験項目は図表43のようになっています。

【図表43　ＰＳＥの主な試験項目】

絶縁材料試験、耐圧試験、絶縁抵抗試験、構造チェック（絶縁距離測定）、残留電圧試験、ケーブル引張試験、転倒試験、外郭強度試験、外郭燃焼試験、電子回路短絡試験、入力試験、温度試験、モーターロック試験、漏れ電流試験、部品試験、ＥＭＩ電磁試験、その他各電気用品に定められた技術基準内容に沿った試験

■電気製品なので触って感電しないかどうかがとても重要

すべての項目の説明は紙幅の関係でできませんので、代表的なものをピックアップして説明していきます。まずは「絶縁」について解説していきます。

普段生活をしていると当たり前すぎて気にもしていないかもしれませんが、家電商品は電気を使っているので普通は触ったら感電します。しかし、もちろんそんなことがあってはいけないので、そのための対策を取る必要があります。それが「絶縁」です。

ユーザーなどが商品に触れて感電しないような、電気構造になっているのか、商品外郭（電気構造を包む商品そのもの）にそのような材料が使われているか、などを確認します。

■構造チェック、転倒試験、ケーブル引張試験

電気回路部分にユーザーが容易に触れられる構造ですと感電の恐れがあるので、当該部分には必ずネジ止めなどの固定をしないといけません。例えば、クルクルと回して商品が分解できる構造になっていると一発ＮＧです。

ちなみに、以前にはんだごてのＰＳＥ試験依頼があった際、まさしくそのタイプでＰＳＥ試験はできないという回答をしたことがありました。

また、転倒試験というのは傾斜10度で製品が転倒しないかどうかを確認します。小型機械であれば特段問題ないでしょうが、少々大きめの機械となるとわずか10度でもかなりの角度となり、その

【図表 44　はんだごて】

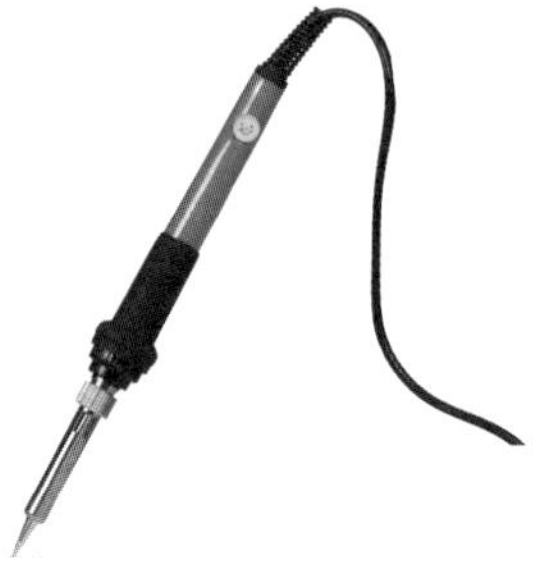

中心部分がクルクル回して分解できるタイプだと PSE 不可
安定性には気を遣う必要が生じてきます。

ケーブル引張試験は、商品本体から伸びている電源ケーブルを人間（検査員）の力で引張って外れないかどうかを確認する試験です。どんな力加減でやるかは人によるでしょうし、検査員の性別（男女）によっても力具合は変わるでしょう。

ただ、本当に全身全霊の力を込めて引っ張るわけではなく、そんなことをしたらすべて抜けてしまい合格する商品はないでしょうから、ユーザーが日常的に使用することを想定した強さと考えておけばよいでしょう。

次はＰＳＥ不合格と密接関わっている重要な試験内容についてご説明していきます。

かなり細かい内容なので、本当の意味で事業者がすべて把握する必要はありませんが、どういう試験が行われるのか、実際にそれが行われたのか、などは判断できるようにしておきましょう。

そうしないと、中国工場からＰＳＥ試験したよと言われても、どういう基準で確認するべきなのかがわからず、また不要な試験で余計な費用を支払うリスクもあります。正直、かなり面倒な作業ですが、本書で少しでも学んでいただければと思っています。

〔ＰＳＥ編〕

２　ＰＳＥ検査の一番の要①／部品試験（電源コードセット、スイッチ）

■ＰＳＥ検査項目で最も重要な部品試験

前のページでご紹介したＰＳＥの各検査項目もとても重要ですし、事業者の方としてはキチンと抑えておいていただきたい内容です。しかし、この部分はほぼ万国共通で他国生産でもクリアしていることも多くあります。

一方、日本のＰＳＥ独自基準のために、中国（海外）生産の場合には想定外の部分もあり、事業者の方はしっかり理解をしておかなければならない内容もあります。

部品試験というのは、ＰＳＥ認定の部品を使っていない場合に行われるものです。既にＰＳＥ認定された部品であれば、その証明書を工場がサプライヤーから取り寄せて検査機関に提出するだけです。

ただ、部品というのはその製品ごとに合わせた形状・機能・仕様になっているものを採用するのが一般的なので、都合よくＰＳＥ認定された部品は入手しづらく、そのため、製品ごとに部品試験が発生してくるのです。場合によっては、他国の認証品であれば免除されることもあります。しかし、それも検査内容次第ですので、その判断は専門家によるところになります。

【図表45　電源コードセット／スイッチ（丸囲い部分）】

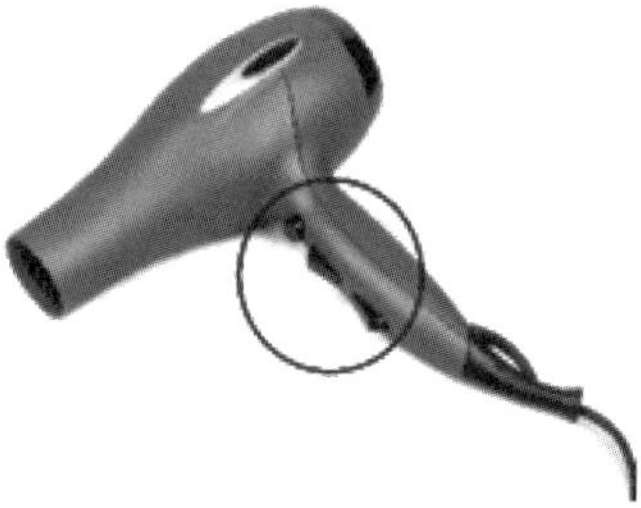

■部品試験：電源コードセット

ＰＳＥ認定品が求められる部品で代表的なのが電源コードセット（ケーブル、プラグなど）です。これらは絶対にＰＳＥ認定品でなければなりません。ケーブルとプラグはよく見てみると、「ＰＳＥ」と書かれており、目にした人も多いのではないでしょうか。

ＰＳＥコンセント・プラグは1セットになっており、BtoBで市場販売されています。なので、コンセント・プラグの部品試験で困ることは、基本的にないと考えられます。

余談ですが、このＰＳＥ認定の電源コードセットを使っていれば、ＰＳＥに準拠していると勘違いしている方も多いですが、認定プラグ・コードを使った上で、製品本体のＰＳＥ試験が必要です。

■部品試験：スイッチ

部品試験でもう1つ要求されるのが「スイッチ」です。商品ごとに合わせてスイッチが使われることになるので、むしろＰＳＥ認定品であることのほうが珍しいです。このスイッチをＰＳＥの技術基準に準拠しているかどうかの試験をすることになります。

今までの当社事例の中では、スイッチが試験不合格になることがありませんでしたので、それなりのサプライヤーが提供してくれるものであれば基本的には問題ないと考えています。しかし、いずれにしても、部品も含めてＰＳＥ試験に合格しているという検査機関からの回答が重要です。後述する経済産業省への事業届では、検査内容（検査レポート）については細かく問われることはありませんし、現状ではＥＣサイトなども部品試験内容についてはそこまでうるさく言ってくることもないでしょう。

しかし、ＥＣサイトが好調で、今後、ホームセンター、家電量販店、百貨店（デパート）などのリアル流通店舗での販売も計画する際、そこでは部品内容も相当細かく確認されるケースがあります。

当社お客様からもそのようなお話を伺っています。ＥＣサイト以降も視野に入れるのであれば、部品試験というものも疎かにできなくなります。

〔ＰＳＥ編〕

3　ＰＳＥ検査の一番の要②／ＥＭＣ（ＥＭＩ）試験

■ＰＳＥ認証試験で不合格になる理由はＥＭＣ（電磁両立性試験）が大半

中国などの海外工場がＰＳＥ認証試験で不合格（再試験が必要）となる一番の理由は、ＥＭＣ（電

【図表46　ＥＭＣのイメージ図)】

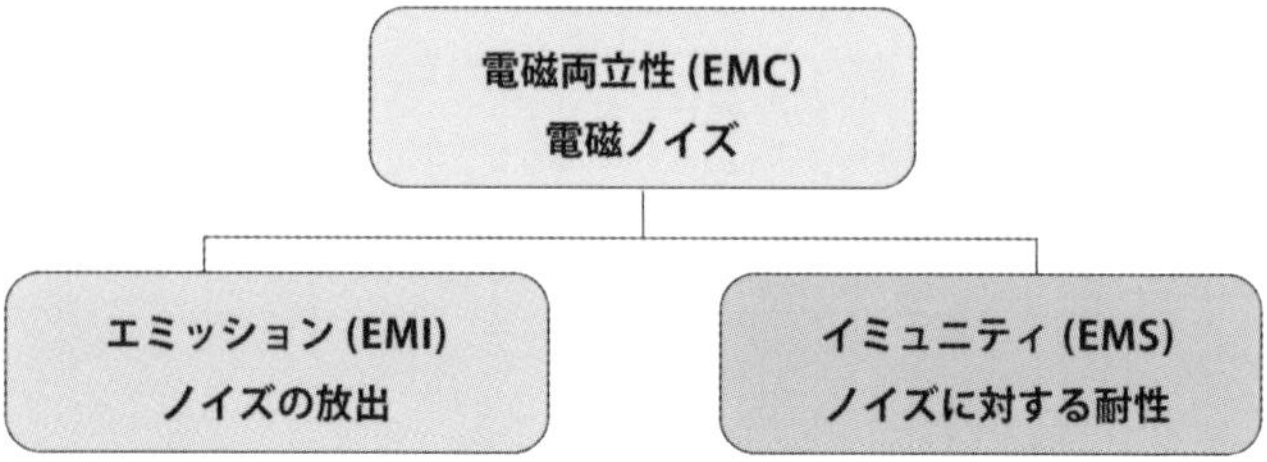

磁両立性試験）です。ＥＭＣという単語自体に聞き馴染みがないと思いますが、実は電気用品においてかなり重要な役割を果たしている機能です。

簡単に言うと、ほとんどすべての電気用品は「電磁波」を発しており、それが人間および周辺機器などに干渉しない（悪影響を及ぼさない）ように、設計・製造に工夫を施さないといけません。

■ＥＭＣとは

少し専門的になりますが、電化製品を扱う事業者にとってＥＭＣは絶対に必要な知識なのでご説明しておきます。電化製品（電子機器）というのは、機器から放出されている電磁妨害波が小さく他者への電磁的な妨害源とならないように設計され（ＥＭＩ）、また他者（外部）からの電磁的な干渉を受けないように、あるいはそれを受けても正常に動作する（＝両立する）」設計がされた状態が求められます。

それを電磁両立性（ＥＭＣ）と呼び、それに基づいて製造されていなければなりません。

【図表 47　EMI 試験データ】

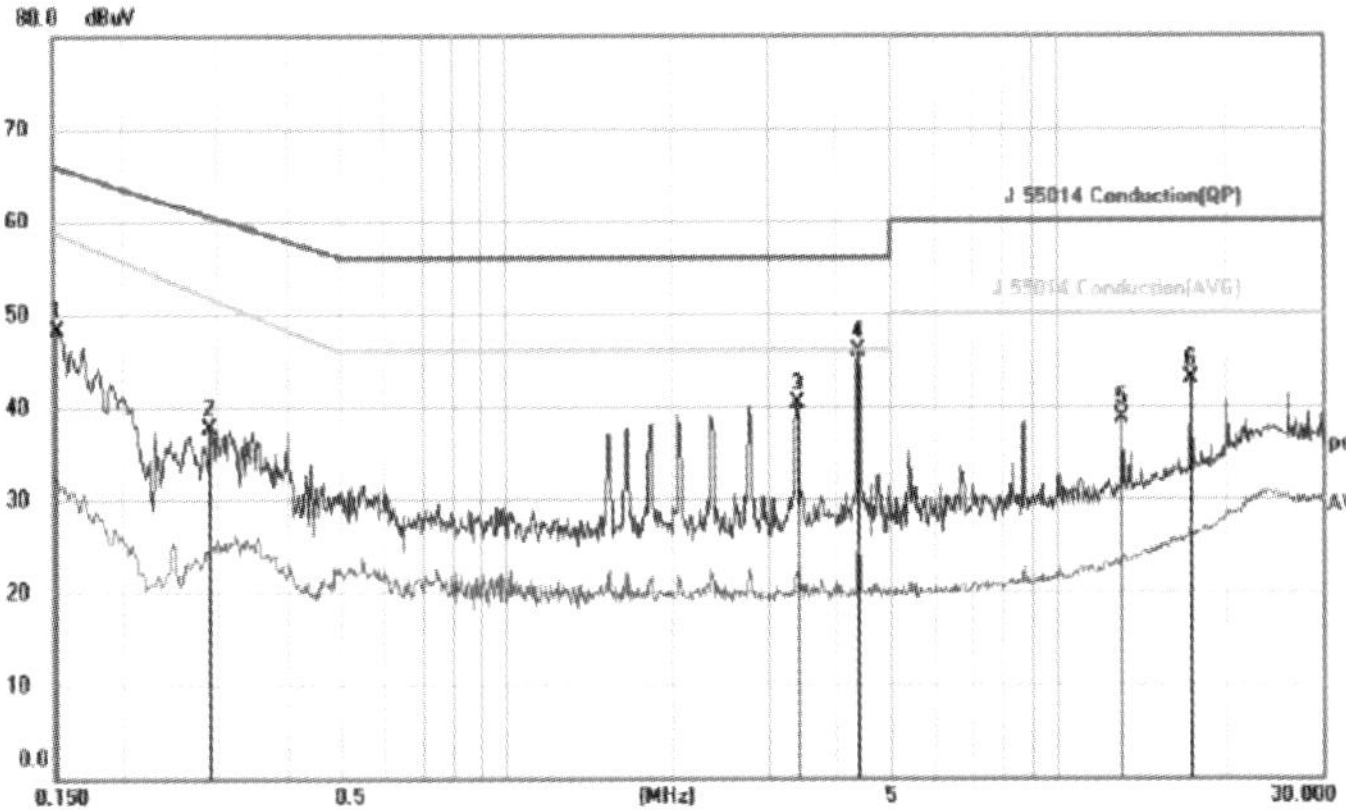

真ん中の線が基準。波線が基準を超えなければ合格　基準値は製品によって異なる。

■ＰＳＥではＥＭＩ試験が必須

ＥＭＣの中で、他者に電磁影響を及ぼす危険性があるどうかのＥＭＩ（エミッション）試験が義務づけられています。

なお、ＥＭＳ（イミュニティ）はＰＳＥの検査項目に含まれていません。つまり、周囲からの電磁波による影響有無に関しては、ＰＳＥ検査では問われません。

しかし、ＰＳＥ（法律的）では不問ですが、納入先の事情や製品内容によって、自主的なイミュニティ検査が求められる場合もあります。そのようなケースはほとんどないでしょうが、可能性はゼロではありませんし、もし何らかしらの障害が報告されるようなことがあれば、予備知識として覚えておいてください。

なお、ＥＭＩ試験はＰＳＥの中で、最難関であるとも感じています。特に日本と中国ではＥＭＩ

の基準が違うので、そのままＥＭＩ試験をしても不合格になることも多くあります。一方で、ＥＭＩの測定機器は大変高価でＰＳＥに先んじた事前測定などをすると、それだけで割高になってしまうので、まずは一度試験をしてみて、その後の対策を考えるのがセオリーです。

自分たちがユーザーであれば当たり前のようなことも、いざ自分が販売側になってみると知らない・気づかないことが山ほど出てきます。どれもこれもユーザーの安全という大目的の元にこうした規制は存在しています。

もちろん、やりすぎ・厳しすぎの内容もあるかもしれませんが、総じて適正な範囲での規制ではないかと個人的には感じています。

〔ＰＳＥ編〕

４　ＰＳＥ試験をするためにどのような技術資料が必要なのか

■技術資料の提出が必要

ＰＳＥに限らず、許認可認証試験が必要な電気系商品では大よそ次のような技術資料の提出が求められます。日本以外でもそうした試験に慣れている工場であれば、資料提供をしてほしいと言えば、おおよそ理解をしてくれます。

ただ、「日本のＰＳＥ」というと、具体的どういったものが必要になるかわからないということ

【図表 48　電気回路図の例／ブロック図の例】

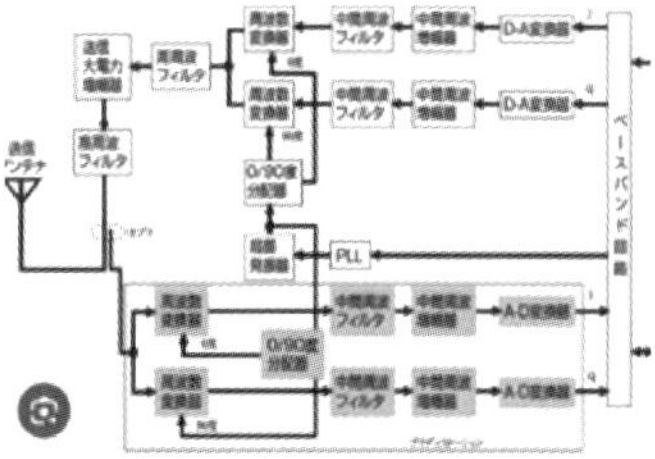

も多くあります。事業者としてはある程度自分でも理解をしておくほうがいいでしょう。

■仕様書、電気回路図、ブロック図、ＰＣＢレイアウト、部品資料、取説書、銘板図などが必要

仕様書というのは定格電力容量などが記された事業向けの説明書のようなものです。仕様書を出して欲しいと言えば、大よそ提出されるでしょう。

図表48は、電気回路図、電気ブロック図は製品内部構造を図解した設計図のようなものです。

■ＰＣＢレイアウト（プリント基板設計）

かなり専門的ですが、製品に使う電子回路を構成するプリント基板の設計図のようなものです。

これがあれば、同じ製品を他社でも作成することが可能です。製品構造によっては、提出不要（ＰＣＢレイアウトは用いない）ということもあります。図表49に例を示しますが、事業者自身がこの中身を理

【図表49　PCBレイアウト例】

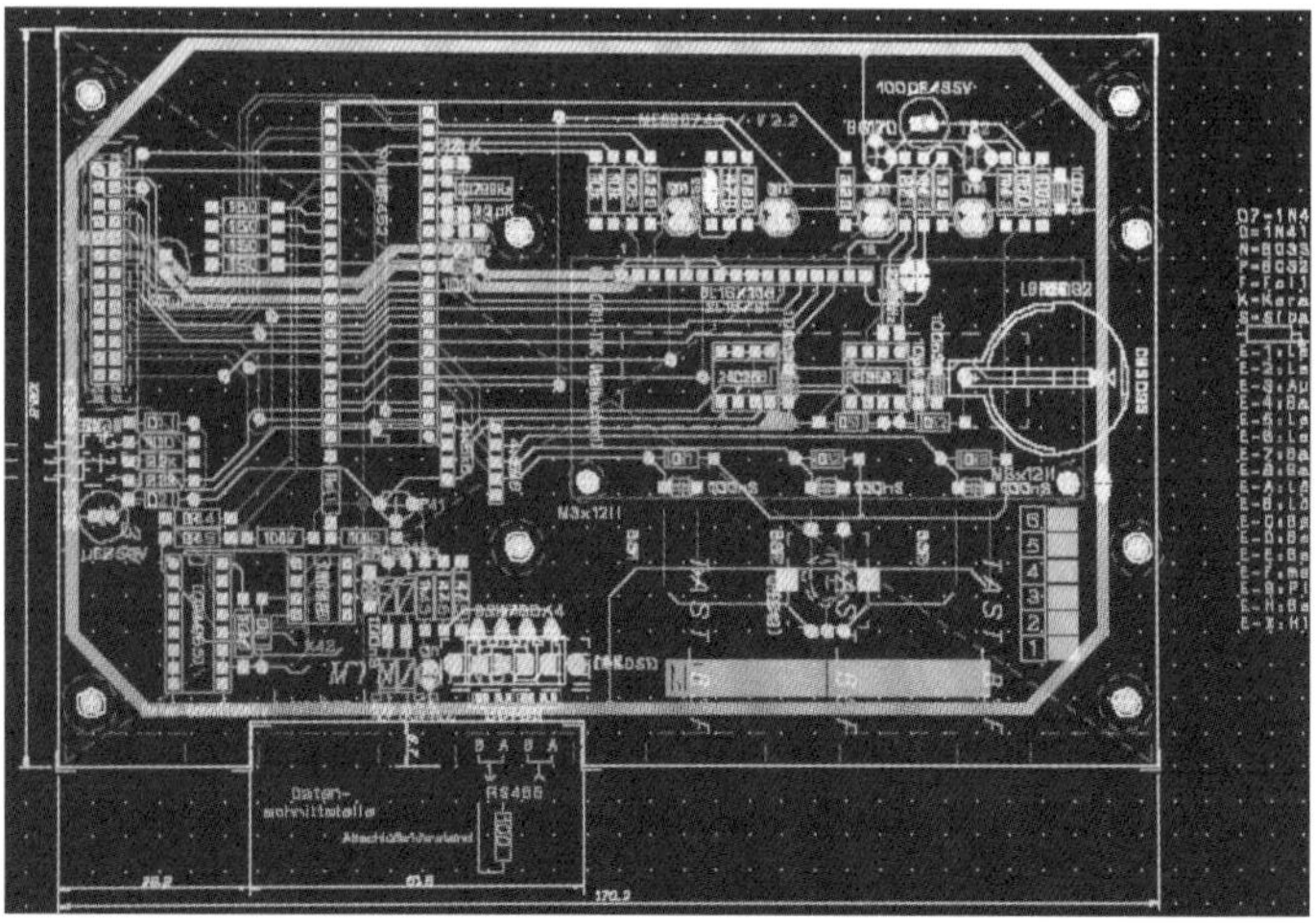

解する必要はありません。

■部品資料（部品の認証証明書）

先述した製品に使われている部品は、基本的に世界各国いずれかの認証取得されている必要があります。

中にはＰＳＥ認証でないと認められない部品もあります。検査機関と協議しながら確認を進めていきます。

■取説書／銘板（ＰＳＥラベル）

日本語の取扱説明書が必要です。仮に中国語版しかないようであれば、翻訳ソフトを使ってでも用意しなければなりません。

他にも先述したＰＳＥラベルのデータが必要です。ＰＳＥラベルは事業者のほうで用意するのが一般的です。

いずれにしても、こうした資料は機密文書でもあるので、工場側としても取扱いには慎重になるはずです。提出してもらえるようにビジネスとして交渉していきましょう。

〔PSE編〕

5　工場にはどのようなサンプルを提出してもらうのか

日本の検査サンプルは日本仕様で

どの許認可認証であっても、必ず生産工場には検査機関に対して商品サンプルを提出してもらうことなります。

しかし、中国や海外でつくられている製品をそのまま日本の検査用サンプルとして提出してしまうと、そこで一発アウトです。中国と日本では違う規格でつくられているので、日本仕様にしてもらう必要があります。

なお、検査サンプル数は完成品1〜3個程度が一般的です。

【図表50　銘板（PSEラベル）】

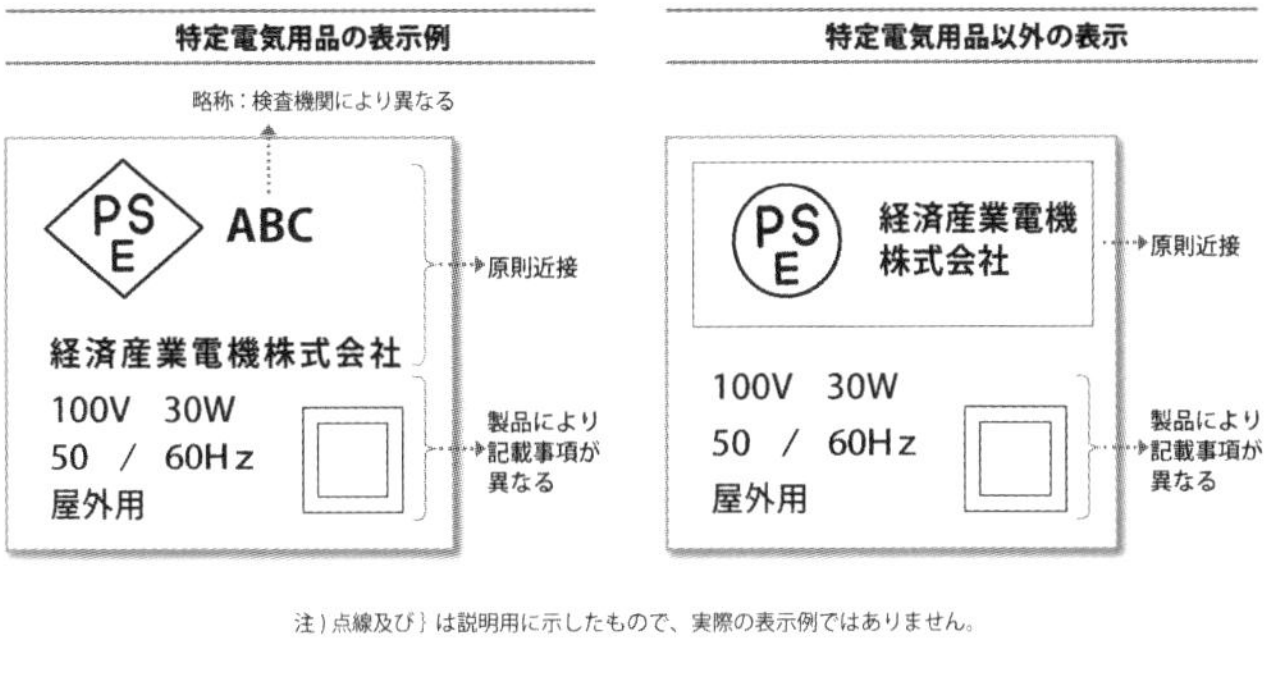

注）点線及び｝は説明用に示したもので、実際の表示例ではありません。

【図表51 （左）中国式コンセント（プラグ部分が丸い）
（右）日本式コンテスト（プラグ部分が四角い）】

■電源コンセントは必ず日本用にする！

重要な点として、使用される電源コンセントを日本の規格に合ったものに工場で変更してもらう必要があります。また、電圧も中国では２４０Ｖですが、日本では１００Ｖです。この辺は中国工場に言えば用意・準備してくれるでしょう。

ただ、日本式プラグも1個単位での販売は少なく、５００個単位など数が多くなることがあります。その調達となると、その分、試験後の本体購入も求められてくるかもしれません。そうしたビジネス的な交渉も必要になってきます。

■工場にはどのようなサンプルを提出してもらうのか（モバイルバッテリーの場合）

モバイルバッテリーと一般家電品ついては、同じＰＳＥ対象であっても試験内容や用意するサンプルなども大きく違います。簡単にですが、モバイルバッテリーについてもご説明しておきます。

まずＰＳＥ対象となるリチウムイオン電池の定義（計算式）は図表52の通りです。正直なところ、計算式については専門家でないとよくわからな

【図表52　リチウムイオン電池の体積密度計算式】

リチウムイオン単電池の体積エネルギー密度

体積エネルギー密度=(定格容量[1]×定格電圧[2])/体積

	使用する値	定義	測定方法
体積	最大寸法[3)] 高さ×幅×厚み(角形) 半径の二乗×高さ×π(円筒形)	最大総高さ、最大厚さ、最大幅、最大直径で寸法を表す	JIS C8711 4A e)で測定

【図表53　電池セル/電池パック/バッテリー本体のイメージ】

いとかもしれません。

ただ、モバイルバッテリーとして機能させるには相応の体積エネルギー密度が必要になりますので、ほとんどはPSE対象になると考えた方が無難かもしれません。

また、試験項目ついて、「連続定電圧充電時の安全」「運搬中の振動時の安全」「高温化での組電池容器の安全」「温度変化時の安全」「外部短絡時の安全」「落下時の安全」「衝撃時の安全」「異常高温時の安全」「圧縮時の安全」「機器落下時の組電池の安全」など、16項目が経産省資料に示されています。

試験サンプル数は、電池セル約100個、電池パック約30~40個、バッテリー本体1個が必要です。電池セルは本体を構成する最小単位、電池パックはセルの組み合わせで、それが1個もしくは複数で本体を構成します。

いずれにおいてもサンプル内容は日本と中国では違うので、明確な指示が必要です。

〔PSE編〕

6　PSE試験はJIS規格ベースと国際規格（IEC）ベースの2つから選ぶ

■PSE試験は、どちらの規格を採用した試験でもいい

この内容も正直かなり専門的なのですが、PSE商品を扱う際に知っておかなければ後々大きい損失を被ること可能性がありますので、ぜひ理解をしていただければと思います。

PSEの技術基準は日本独自の規格（JISベース）と国際規格（IECベース）の2つが存在しており、基準内容を満たしたPSE試験を行っていれば、どちらの規格を採用した試験でも構わないことになっています。

JISベースは電気用品安全法別表1から11で構成されており、IECベースは同法別表12となっています。ECサイト販売するような一般電化製品は主に同法別表8、モバイルバッテリーは同法別表9、EMI試験は同法別表10が適用されます。IECベースは同法別表12が適用されます。

海外工場で生産された商品を海外の検査機関でPSE検査する際、日本規格ではなく海外規格を採用して試験をすることが多くあります。考えてみれば当然かと思います。それ自体に問題はあり

【図表 54　オゾン発生のする空気清浄器 / 電飾看板 / デジタルサイネージ】

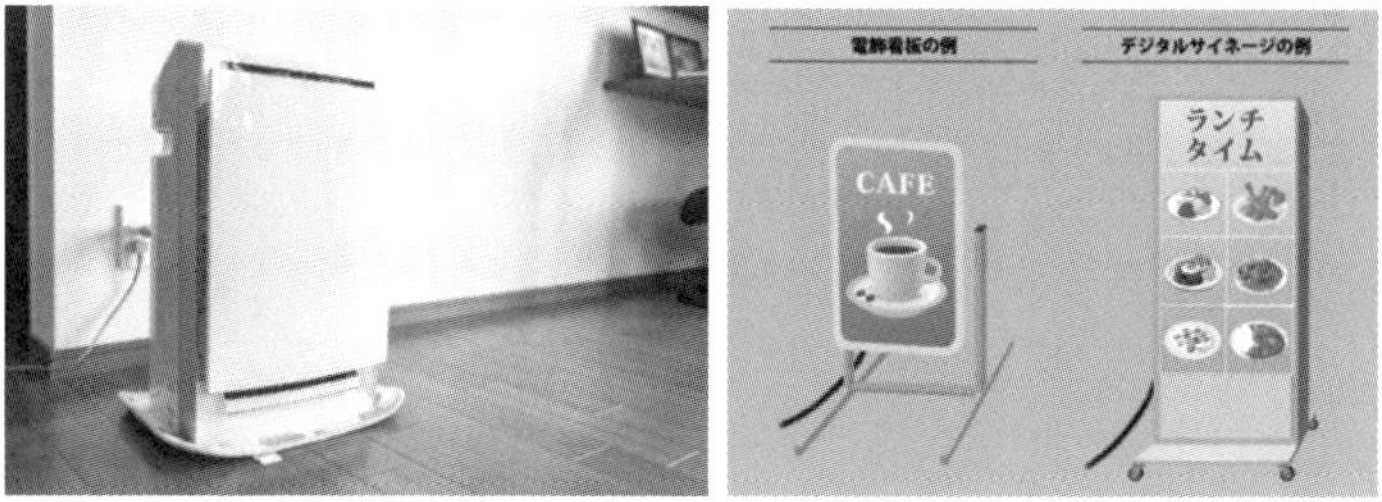

出典：経済産業省 _298 広告灯

ません。しかし、やり方によってはその中で問題点も発生してくるのです。

■ＪＩＳとＩＥＣを混ぜて試験ができない、ＪＩＳでしか試験ができないこともある

例えば、製品試験を別表12の国際ベースで行い、ＥＭＩ試験を別表10でやるなど混在させることはできません。正直、海外の検査機関でここまで日本のＰＳＥ（電気用品安全法）を理解しているところは少ないので、この点は事業主の方がしっかりとディレクションする必要があります。

また一方、商品によっては別表８でしか試験が認められないものもあります。例えば、空気清浄機などでオゾン発生をする機能がある場合は別表８のみとなりますし、デジタルサイネージ・ＬＥＤビジョンなども別表８の基準で試験をしなければなりません。

そういった日本のルールを知らずに海外の検査機関が勝手に国際（ＩＥＣ）ベースで試験をする恐れもあることは覚えておいてください。

■わからなければ経済産業省や経済産業局に確認する

正直ところ、ＰＳＥ試験をしようとしている製品が別表８でやらなければならないのか、別表12でもできるのか、それを事業主の方が判断するのは難しいでしょう。そういった際は、ＰＳＥを管轄する経済産業省などに電話して聞いてみましょう。それが一番確実です。

〔ＰＳＥ編〕

7 ＡＣアダプター（直流電源装置）は"認証"ではなく"探す"が重要

■ＡＣアダプターのＰＳＥ対応

ＡＣアダプター（直流電源装置）は、特定電気用品（菱形ＰＳＥ）に該当するため、イチからＰＳＥ認証をすると、特定電気用品以外（丸形ＰＳＥ）よりも試験費用は高額になり、試験自体も複雑になるとお伝えしました。

また、実は、中国の（アダプター）生産工場がすでにＰＳＥ認証しているパターンがほとんどで、製品本体のメーカーも、日本に出荷するためにＰＳＥ認証しているアダプター工場から購入していることが多いことは第2章でお伝えしました。

詳しくはそちらもあらためてご参考いただくとして、本項では、工場がＡＣアダプターはＰＳＥ認証をしていないといった場合の対応や、ＡＣアダプターのＰＳＥ認証に関する考え方をもう少し深掘りします。

■本体工場がＰＳＥ認証されているアダプターを使っていないといった場合

当社においてもこのようなお問い合わせが多くあります。そうなると、事業主の方で現在工場が使用しているACアダプターでPSE認証しなければならない、と頭を悩めていらっしゃることが多くあります。

しかし、ここで1つ思い出していただきたいのは、生産工場のほとんどが組み立て工場である、ということです。結局、ACアダプターも自社で生産しているわけではなくサプライヤーから購入しているということですから、つまりは、工場に対してPSE取得しているACアダプターのサプライヤーを見つけてくれ、と依頼してしまえばよいのです。

そうすると、よほど対応の悪い本体工場でない限り探してくれますので、見つかったら本体とうまく接続できるか、動作不具合が生じないか確認してもらい、問題なければPSE証明書などを届けてもらい、あとは日本側で行政手続を行うようにしましょう。

ここで1つ気を付ける点としては、アダプターの定格電力と本体の定格電力が合っていないと本体は動作しないことです。あまりに急いで、とにかく送れみたいなことをやっていると、あとから困るのでその辺は慎重に話を進めていきましょう。また、輸入事業者は証明書副本の原紙の保管が求められますので、その点は注意しておきましょう。

【図表 55　アダプターの考え方】

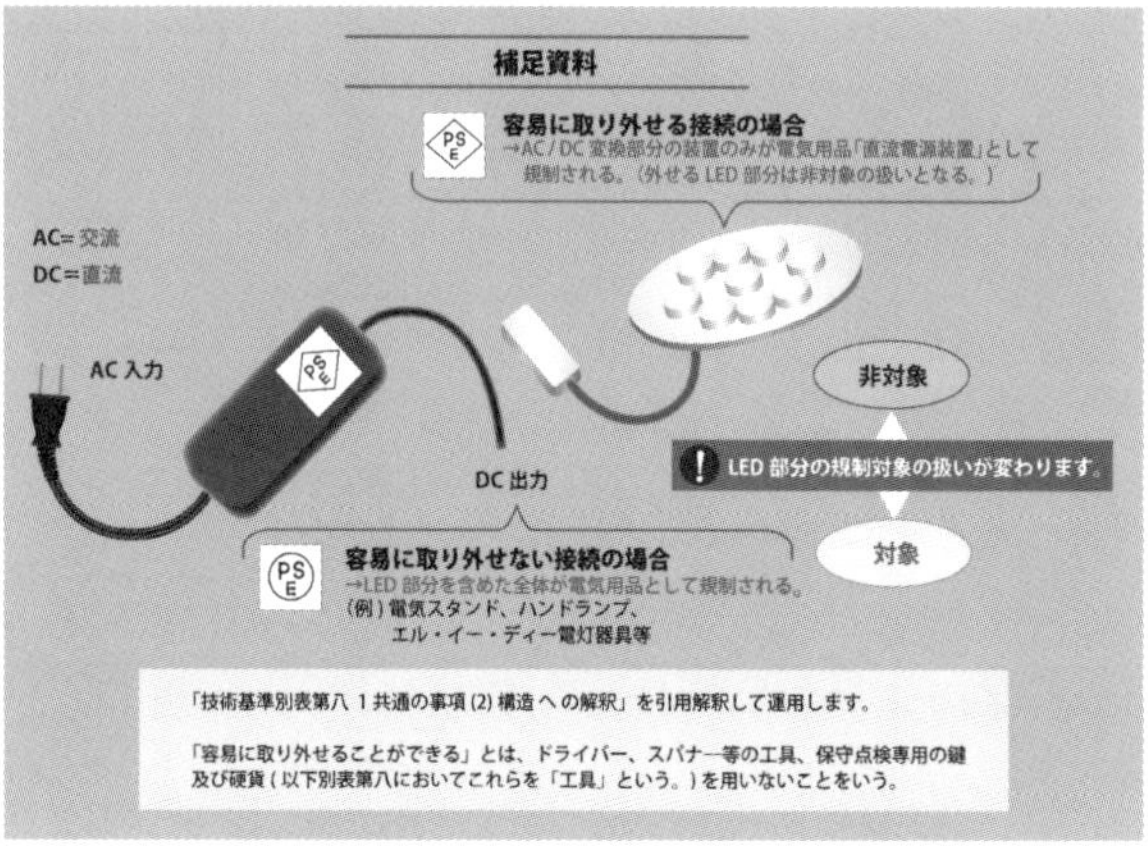

出典：経済産業省 _ 電気用品安全法の改正政省令施行について

■本体から着脱不可式にしてしまうと、本体がＰＳＥ対象になる

前記のように考えると、何でもＡＣアダプターを使用するようにすればよいと考えるかもしれませんが、１点注意が必要です。少し古いものですが、経済産業省の資料を引用させていただきます。

要するに、ＡＣアダプターを用いていたとしても、それが本体から容易に取り外せない接続の場合、製品本体がＰＳＥの対象になるという見解です。

ちなみに、「容易に取り外せない」の定義として、ドライバーやスパナなどの工具、硬貨などを用いて取り外すということになっています。つくりをどうするかは工場と確認しましょう。

はんだごてでも触れたようにくるくる回して取り外すようなつくりであったり、嵌めるだけのつくりはＮＧです。

〔ＰＳＥ編〕

８　特定電気用品（菱形ＰＳＥ）や特別特定製品（菱形ＰＳＣ）は生産工場立入検査が必要

ＰＳＥ特定電気用品の生産工場立入検査

ＰＳＥの特定電気用品（菱形ＰＳＥ）では、基準適合確認（いわゆるサンプル検査）の次に、適合性検査（生産工場立入検査）を行う必要があります。

実際のところ、ＥＣサイトで販売するもので前ページのＡＣアダプター以外に特定電気用品の商品はあまりないと思いますが、特別特定製品（菱形ＰＳＣ）では携帯用レーザー応用装置などがあるので、まとめて説明しておきます。

■そもそも生産工場立入検査とは何をするのか？

名前だけ聞くと何か異様な印象もありますが、やることと言えば、例えば、ＰＳＥ特定電気用品については、製品によって何十通りも分けられる型式区分によって、それぞれ商品の検査（検品）ができる体制が工場内に備わっているかどうかを確認する業務となっています。

具体的には、絶縁抵抗計、絶縁耐力試験機、電圧計、電力系、電流計などの検査設備が工場に設置されているか、また、その設備があるだけではなく、それらがＰＳＥの規格に準拠した製品であるかどうか、工場職員がそれらを操作できるか、定期的に校正されているかどうかなどを確認されます。

ＰＳＣ（レーザー）についても考え方は基本的に同じで、対象となる商品に沿った設備があるかどうかなどを確認することになります。

なお、ＰＳＥ、ＰＳＣいずれにおいても、実際にどの製品にどのような設備が必要になるかは相応な知識が不可欠となり、検査機関側もコンサルティングなどしてくれないので、かなりハードルは高くなってきます。

ＰＳＥをやったことがない工場であれば、おそらく自分たちだけで揃えるのは難しいでしょう。ましてや、中国工場が日本の技術基準を知る由もないので、なおさら難しくあります。

一方で、どんな設備が必要なのか正確に理解していれば、設備自体はAmazonで購入することも可能であります。

■検査員を工場に派遣

一方、立入検査なので当然、検査機関の検査員を工場に派遣するわけですが、例えば、ＰＳＥであれば中国の登録検査機関も利用できるので、中国工場へ中国国内の検査機関から派遣する、もしくは日本国内の検査機関を利用した際も提携している中国検査機関から派遣、ということもできます。

しかし、ＰＳＣレーザーだけは日本国内の検査機関から派遣する必要があるので、海外渡航費用なども発生しかなり高額になります。

また、設備は古い物では認められず、定期的に校正が行われていることが求められます。日本の検査機関から日本人の検査員を工場に派遣すること場合、中国工場が日本語対応できないと、それだけで不合格になってしまいます。

さらに、言語の問題は別としても、工場の職員がＰＳＥもしくはＰＳＣの技術基準について熟知している必要があり、検査員からの質問に答えられることも必須となってきます。

〔PSC編〕

9　一番問い合わせの多い携帯用レーザー応用装置を例に解説

■よほど気合いを入れて臨まないと合格できない

第2章でＰＳＣのフローについて一部解説しましたが、一般事業者の方がＥＣサイトで販売する可能性が高く、問い合わせも一番多いのがレーザー関連商品です。

その一方、製品サイズは小さいですが試験は難関を極め、費用も高く、よほど

【図表56　工場検査（レーザーの場合）の様子】

【図表57　ワイヤレスレーザーポインター／レーザー距離測計】

気合いを入れて臨まないと合格まで辿り着けないだろうというのが実情です。

いずれにしても、まずは概要だけでも掴んでもらえればと思います。

■携帯用レーザー応用装置の対象商品

その名称の通り、人が手に持って携帯できる（使用する）サイズのレーザー商品であること、また消費生活用製品安全法（PSC）というように民生用であること（つまり業務用ではない）が対象の基準となってきます。

具体的には、本書事例で頻出しているレーザーポインターや、レーザー距離測計などが対象です。一方、対象外なのは、ゴルフのグリーンで使うレーザー長距離距離測計、内装工事の現場などで使われる墨つぼレーザー、スーパーマーケットや倉庫などで使われるバーコードスキャナーなどです。

同じレーザーでも用途によって対象有無が違ってくるので、商品ごとに確認は必要になってきます。

■経済産業省への事業届をしないと検査機関への申請も行えない

第2章でＰＳＥやＰＳＣのフローを説明しました。その中で、「事業届」という経済産業省への届出業務がありますが、実務レベルで言うと、全体の流れの中から言えばいつでもいいのが実情です。しかし、携帯用レーザー応用装置（特別特定製品）については、事業届を行い受理されてからでないと検査機関に試験申し込みができません。

ここで必ず注意していただきたいのが生産工場の住所です。携帯用レーザー応用装置の事業届には、生産工場の住所と地図を記載します。地図自体はGoogleマップでも可です。

しかし、事業届をする方は、その段階では中国生産工場のことを深く把握していないのが一般的です。

実は、理由はよくわかりませんが、中国工場というのは体外的には正式住所を公表していないことが多くあります。偽住所がほとんどです。そして、前のページでもご紹介したように、ＰＳＣレーザーでも生産工場検査があります。その際、偽住所に検査員が行ってしまうと、当然検査は行えないのでその時点で不合格となってしまいます。

以前、当社で申請した際も、工場は東莞市に実在しているのに隣の深圳市の住所で公表されていました。事前の自主調査で判明し、経済産業省には事業届の変更申請を行ったことがあります。すごく前時代的な話ですが、かなり重要な点ですので、是非このことは記憶しておいてください。

工場検査前に誰かを直接工場に派遣し、工場内に掲示されている営業許可証などを確認しましょう。

■レーザーのサンプル検査と生産工場への立入検査

いずれにしてもかなり高度な試験が必要となってきますので、率直なところ、一事業者の方がご自身だけで手に負えるレベルではないので、試験の際には専門家を雇うようにしてください。

〔電波法編〕

10 必要書類・サンプルについて

第2章で日本の電波法には、輸入・販売する製品を1つひとつ検査する技術基準適合証明（通称：技適）と、生産工場から資料、サンプルなどを提出してもらい検査して、合格後はその工場の当該製品は電波法番号を表示して販売することができる工事設計認証についてご説明しました。

基本的に、電波法認証をするのであれば工事設計認証の一択です。以降はすべて工事設計認証を前提としたご説明となります。

■中国工場製品であれば中国検査機関でやってしまうのが一番早い

少し法制制度がわかりづらいのですが、簡単にご説明させていただきます。電波法認証（証明書の発行）ができる登録証明機関というのは総務省によって定められています。1つひとつの機関名を挙げることはしませんが、ポイントとしては、中国国内には総務省認定の登録証明機関（認証機関）は存在しません。

ちなみに、台湾や韓国などにもありません。そうすると、それらの国で生産された電波法対象の無線機器は日本でしか検査ができません。そこで、中国などの海外工場と日本の検査機関の橋渡しをどうすればよいだろうかと悩まれる事業者の方も少なくないのです。特に、言語の問題はかなり深刻です。

■検査機関と認証機関の違いを知ろう

言葉の定義の問題ですが、ぜひ把握しておいてください。検査機関というのはまさに検査を行う機関、認証機関というのは証明書を発行する機関です。認証機関は検査機関の機能も有しているところがほとんどなので、あまりに気になりませんが、実際のところ、そのようになっています。ちなみに、日本の登録証明機関は、ほぼすべて検査機関と認証機関を兼ねています。

一方で、中国や台湾には認証機関はありませんが、日本の電波法検査を行う検査機関は存在しています。そして、その検査内容を評価して証明書を発行できる認証機関はアメリカなどに存在しています。なお、中国検査機関の検査内容を評価して証明書を発行する日本の認証機関はありません。

中国工場の商品で日本の電波法認証しているものを見かけるけど、どうやっているんだろうと思われた方も多いかもしれませんが、実はこのようなスキームになっているのです。中国工場の商品を電波法認証する際には必要になってくる情報ですので、ぜひ覚えておいてください。

■電波法認証にはＩＳＯ９００１が必須

電波法認証をする際に必要な資料は次のページでご説明しますが、特筆すべき資料を先にお伝えしておきます。それはＩＳＯ９００１（の認定証）です。そもそもＩＳＯ９００１とは、企業の商品やサービスが国際基準レベルの品質管理の仕組みで提供されている証明のことです。

実は、日本の電波法認証では、生産工場の生産体制を明示する必要があるのですが、工場がＩＳＯ９００１を取得していればその内容を流用できるようになっています。逆に言うと、ＩＳＯ９００１がないとかなり不都合になります。

対策としては、検査機関が工場と確認して代替書類を作成してくれますが、当然検査とは別に有料となります。基本的には、お任せすればやってくれますが、かなりの労力が必要になるのでその点は予め理解しておきましょう。できればＩＳＯ９００１取得工場で検査したいものです。

〔電波法編〕

11　電波法認証で肝なのはスムーズな資料提供、テスト用サンプルの提供

どの検査においても資料やサンプルの提供が肝なのは変わらないのですが、電波法認証においては一段ハードルが高く、要求した生産工場から断られる、無視されるということも頻繁にあるので、その点について説明いたします。

【図表58　PCB レイアウト】

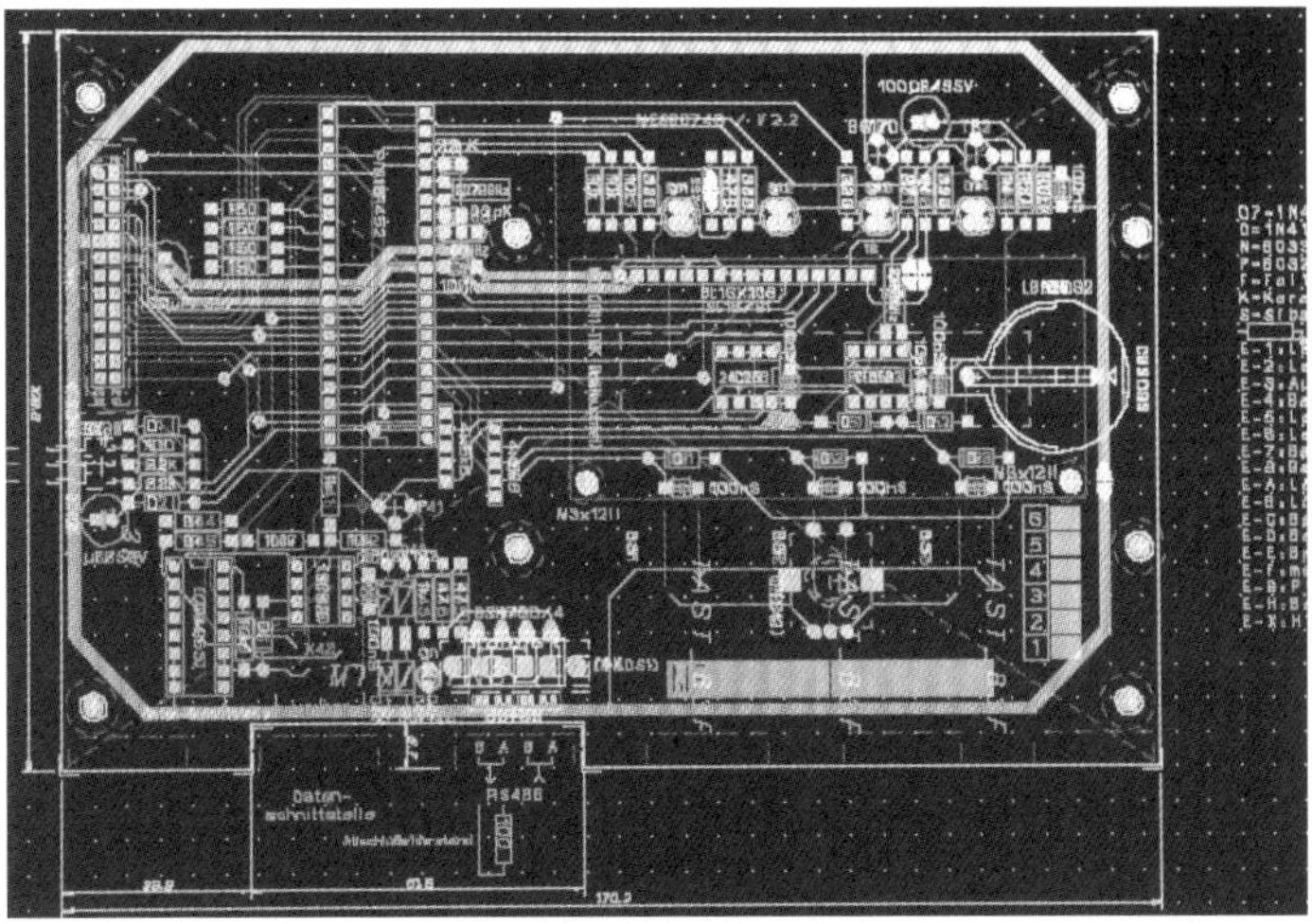

■提出資料があれば同じ商品をつくれてしまう

電波法認証を行う上で必要な資料は、前ページのＩＳＯ９００１証明書、（ユーザー向け）取扱説明書、設計・動作手順書（Operation Description）、部品リスト、ＰＣＢレイアウト、電気回路図、アンテナ図などになります。

ＰＣＢレイアウト（図表58）などはＰＳＥのページでもご説明しましたが、この資料提供で何が問題かというと、これらの資料があれば他社が同じものをつくれてしまうということです。

特に、無線電波を使う商品は日進月歩で最先端な新商品が開発されており、技術流出を懸念する生産工場から資料提供を断られることは珍しくありません。こうした工場の事情を知らないとビジネスが進んでいきませんので、１つずつ確認していくようにしてください。

■解決策はＮＤＡ（秘密保持契約）の締結

もちろん、そうしたこともなく普通に資料提供に応じてくれる工場も沢山ありますが、相手が大きな工場、新製品を開発している工場、親工場から資料をもらってつくっている下請け工場などは、資料は出せない問題に直面することは少なくありません。もちろん工場のその判断は間違っていません。しかし、そうは言っても資料を出してもらえないと電波法認証が進まないのも事実です。

その際に有効な対策として、ＮＤＡ（Non-Disclosure Agreement＝秘密保持契約）の締結です。これを生産工場、検査機関、認証代行会社（輸入事業者）の間で締結します。

そもそも検査機関は第三者機関なんだから秘密を漏らすわけがないというのは日本人の発想であって、世界を相手にビジネスを行っている中国工場としては、そのくらいの用心は必須になってきます。生産工場が技術資料の提供を躊躇っているという情報があれば、こちらからＮＤＡ締結を打診するなどしてみてください。

■テスト用サンプルを作成してもらう

電波法認証のサンプルは少々複雑です。日本の電波法認証をするためには、海外の電波製品を日本の周波数に合わせてもらわないといけませんが、その周波数を合わせるという作業をテスト用サンプルで実施します。

測定器にかけて周波数を見えるようにする必要があり、そのために機器に内蔵されているチップの設定変更をするか、チップそのものを変更する必要があります。いずれにしてもチップのサプライヤーに調達の指示を出さないといけません。

工場担当者がすぐに理解してくれればいいですが、電波法認証で手間取るのはこのサンプルの用意が必要だからです。設定ができないのか、チップサプライヤーが遅いのか。検査自体はそれほど時間が掛からないのでこの点は確認しましょう。

〔食品衛生法編〕

12　細かいサンプルの用意が要求される

食品衛生法検査についても第２章で概要はお伝えしましたので、本ページでは具体的な検査手順などをご説明します。先述したように、検査自体はそれほど難しくなくサンプルが提出されれば２～３週間で終了ですが、スムーズにいかせる道のりを学んでいってください。

【図表 59　測定イメージ】

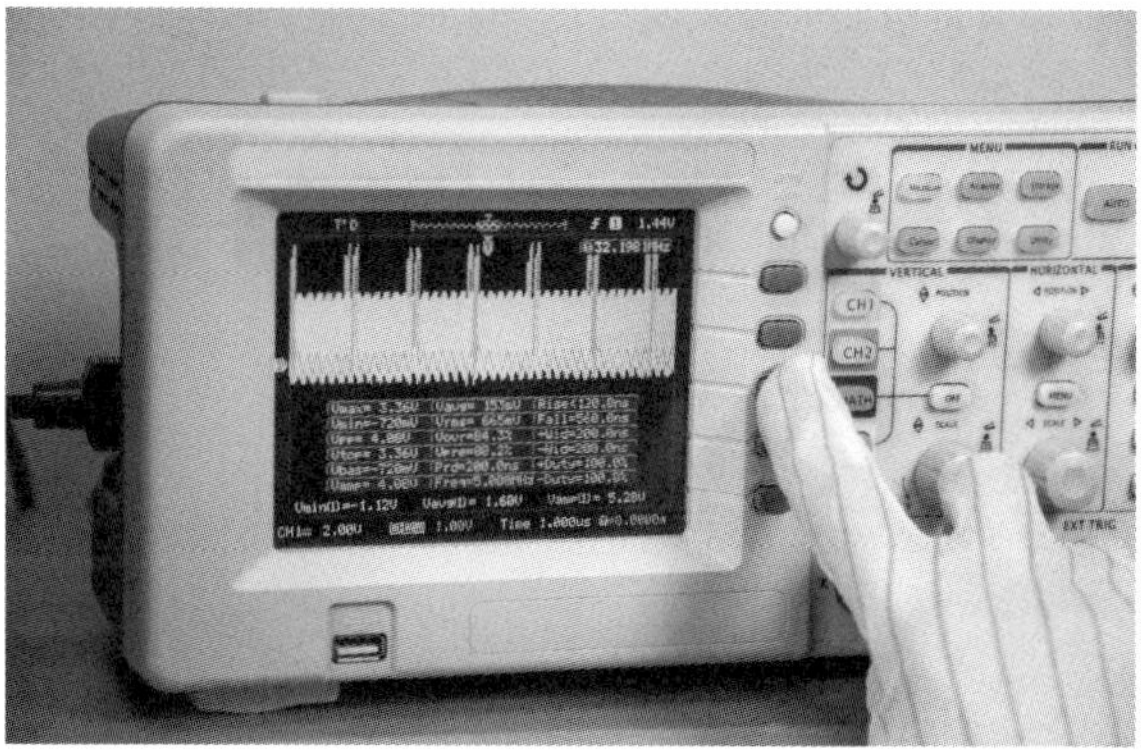

■サンプル輸送方法

まず、食品衛生法検査は、海外工場から送付したサンプルを空港・港の保税倉庫に保管しておき検査機関に取りに来てもらう方法や、検査機関に直送する方法などいろいろパターンはありますが、当社では主に検査機関に直送する方法を取っています。どのように輸送するかは検査機関と確認されてください。

いずれにしても、大事な考え方は工場から（輸入事業者などを介さず）検査機関に直接輸送されるという点です。ここが食品衛生法検査の重要点です。

■検査をしてから正式に大量輸入

販売等を急ぐあまり、サンプルと一緒に本輸入分を送ってしまう人が稀にいらっしゃるようですが、本当に危険ですから絶対にやめてください。

食品衛生法試験を終えて、その検査成績書を以て輸入手続などを進めないと、本輸入品が税関で止まり、下手をすると事業者負担で全品廃棄となる可能性もあります。必ず検査をして合格してから輸入手続に入るようにしてください。

■サンプル数の決定は難しい!?

第2章でも書いたように、フライパンやカトラリー、プラカップなどのようなものは素材も1

【図表 60　製品展開図（通称：爆発図）】

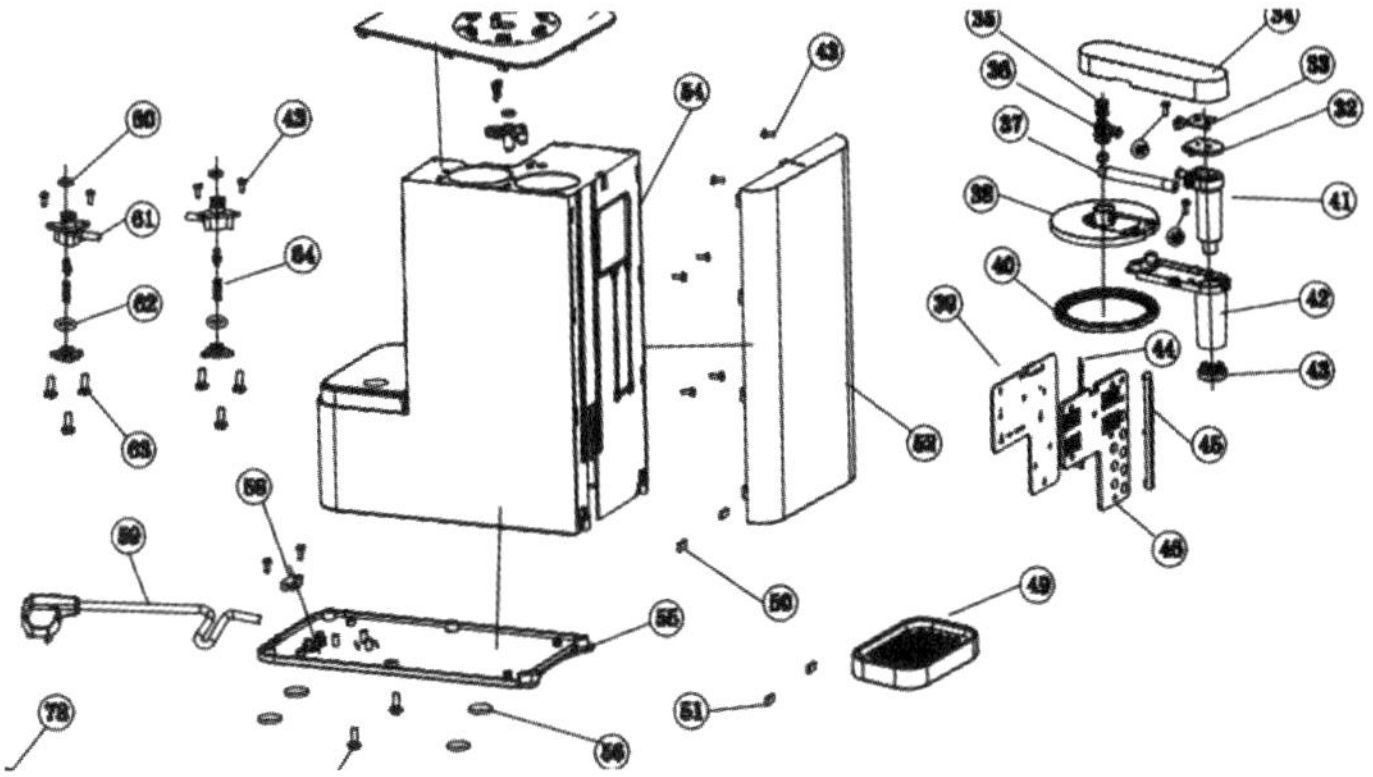

種類であることが多くサンプル数の決定も容易で、費用もそれほどかからないでしょう。

一方、ＥＣサイト販売ではあまり扱わないかもしれませんが、炊飯器やウォーターサーバーのような複雑な構造の機械であれば、部品の数や素材の数も多く、相応の試験が求められることになります。

食品衛生法は、人間の口に触れる機器・部品などすべての部分の試験が必要です。例えば、ウォーターサーバーでは機械内部でサーバーから蛇口まで水が通る部分も試験対象になりますし、機械内部に使われているネジなどの部品も対象になります。さまざまな種類の部品が使われているようであれば、試験対象部分も倍々的に増えてきます。

また、見積りに関しても、事業者側で製品を分解などして検査が必要な部品を自ら割り出し、検査機関に対してサンプル数や見積りの確認をしていきます。また、図表62のような製品展開図も用意します。普通はこうした図面は工場が有しているものですが、早めに事前確認しましょう。

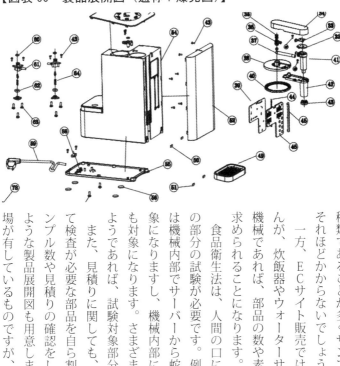

■検査後の輸入通関手続も大事

食品衛生法試験で発行される証明書、レポートだけでは輸入通関業務に必要な資料としては不足しています。一番肝心なのは、輸入申請書です。対象商品が複雑になればなるほど、この申請書も複雑になっていきますので、輸入通関会社としっかり打ち合わせをして臨むようにしましょう。

また、一度合格しても、製品に使われている部品・素材などが変更していると基本的に検査をやり直す必要があり大変です。勝手に部品変更などしないように工場には厳命しておきましょう。

■食品衛生法の輸入通関業務は待ったなし

なお、ＰＳＥやＰＳＣ、電波法などは許認可認証ができていない、少し確認事項があるという場合は、出品を止めたりすればよいだけなので、場合にもよりますが、基本的にそれほど被害はないと言えると思います。しかし、対象の商品が海外から届いているのに食品衛生法の輸入通関業務で手間取るようなことになると、貿易港の保税倉庫の費用も掛かりますし、あまりに手間取ると事業者負担で破棄しなければならない可能性もあります。

もう一度書きますが、食品衛生法試験の際の証明書、レポートだけでは輸入通関できません。それらに加えて、輸入申請書を作成する必要があります。この流れ（事実）を理解しておかないと、検査機関がいい加減なものを発行したと勘違いすることになりますし、余計な確認作業が発生することになり、輸入通関業務が大幅に遅れることになります。

第6章　認証試験以外の法制度も理解しよう

〔ＰＳＥ、ＰＳＣ編〕

1　特定電気用品以外（丸形ＰＳＥ）の基準適合確認レポートは自主検査扱い

同じＰＳＥでも、特定電気用品以外（丸形ＰＳＥ）と特定電気用品（菱形ＰＳＥ）の大きな違いは、経済産業省が指定した登録検査機関を利用する義務があるかどうかです。菱形ＰＳＥは登録検査機関による検査・確認が義務づけられていますが、丸形ＰＳＥは登録検査機関による検査・確認は義務ではありません。

もちろん丸形ＰＳＥでも登録検査機関で検査をしてもらってもよく、その辺は自由に検査機関を選ぶことができますし、場合によっては生産工場が自らＰＳＥ検査を行うことも理論上では可能です。

ただし、それは工場がＰＳＥ検査基準をすべて把握し、検査設備を有し、検査そのものを実施できることが前提ですので、工場単独でＰＳＥ試験を実施することは現実問題として難しいことは事実です。

ＰＳＥの法制度的に覚えておいていただきたいのは、ＥＣサイトでも一般的に販売されている丸形ＰＳＥの検査は、極論を言うと、誰がやってもいいということになっているのです。

【図表61　PSE マーク】

【図表62　PSEの流れ】

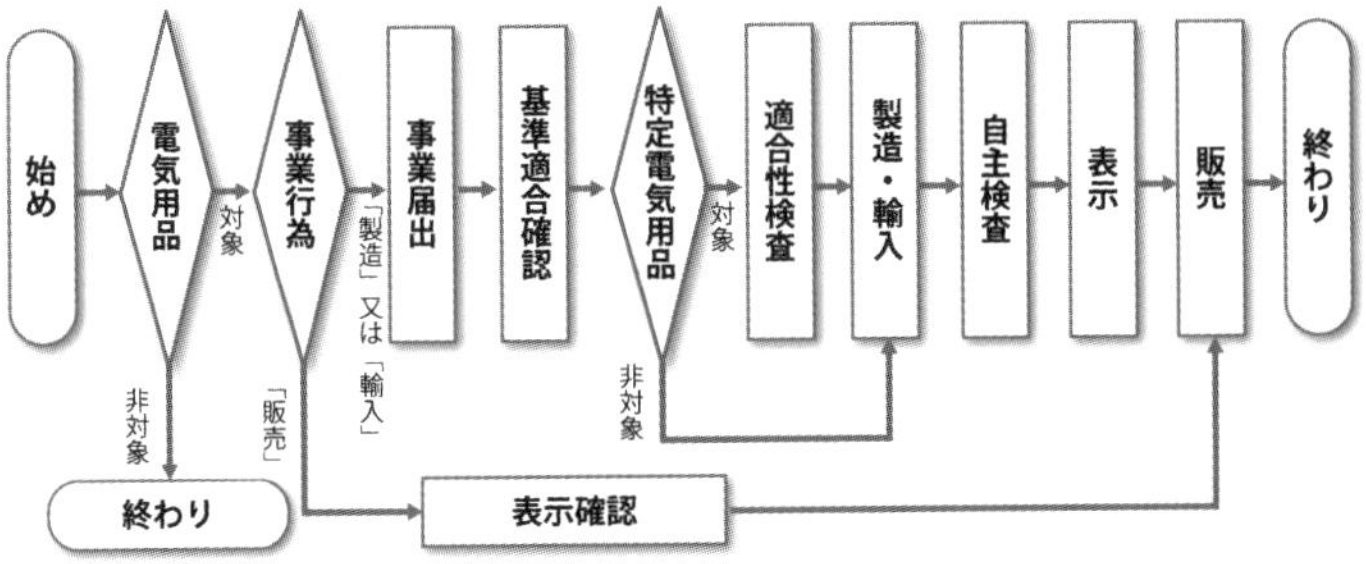

■特定電気用品以外（丸形ＰＳＥ）の基準適合確認レポートは自主検査扱い

前出したＰＳＥフローであらためて確認してみましょう。

上述したように、特定電気用品（菱形ＰＳＥ）の対象商品は重大事故の可能性が高いとされ、指定登録検査機関による基準適合確認（サンプル検査）と適合性検査（生産工場立入検査）を義務づけています。

一方、特定電気用品以外（丸形ＰＳＥ）については、比較的にその可能性が低いとされ、事業主は技術基準に基づいて自ら基準適合確認（サンプル検査）をして、ＰＳＥマーク表示して販売できるという制度設計になっています。

■フローにある「自主検査」の考え方

ちなみに、丸形ＰＳＥにおける「基準適合確認」と「自主検査」を混同されている方が多いですが、その原因として、この「基準適合確認」が自主的に行うものとされているからかもしれません。

いずれにしても、丸形ＰＳＥの検査はどの検査機関でも実施可能であるため、中国生産品のものは中国検査機関でやるのが一般的です。ただし、そこには様々なリスクが潜んでいるのも事実で、読者の皆さんにはリスクを理解しつつ、賢く中国検査機関を利用してもらえればと思います。

〔PSE、PSC編〕

2　海外検査機関のリスクを自覚して賢く使いこなしていこう

■中国生産品は中国検査機関で試験実施

ＰＳＥ特定電気用品以外（丸形ＰＳＥ）の基準適合確認（サンプル検査）を実施することについて、決まった検査機関はないことをご説明しました。しかし、仮に不完全なレポート（試験）内容のままで販売を行って、万一、製品事故などが起きた場合は、より一層厳しい対応を迫れることは容易に想像されます。

そうなると、初めて丸形ＰＳＥ試験をするのは、日本を代表するＰＳＥの検査機関の１つであるＪＥＴ（一般財団法人　電気安全環境研究所）などに依頼するのがベターな選択だと思うかもしれません。

一方、第３章で日本の検査機関のマインド部分で書いたように、初めてＰＳＥ試験をする、しかも、それが有名メーカーのものではなく市井の中国（海外）生産品ということになると、試験そのものの実施ハードルがとても高まるのも事実です。

実際に、そのような内容のご相談も多くいただきました。そうした中でも、当社では、むしろ、中国生産品はそのまま中国検査機関で試験実施するほうが現実的だという考え方をしています。

■中国の（一部の）検査機関は世界レベルであると認識しよう

中国の検査機関というと「本当に大丈夫？」という印象があるかもしれません。それでいて、安ければなんでもＯＫという会社さんがいらっしゃるのも事実です。本書では中国検査機関のメリット、デメリットをお伝えしていきますが、正直、デメリットの部分のほうが多いと思います。

しかし、それは決して中国検査機関を否定しているわけではなく、もちろんデメリットも多く気を付けるべき部分も山積みですが、その分、情報や知識をしっかり持ち使いこなせばかなりビジネスが有利になっていくことは間違いありません。

一部の日本の検査機関の方は「中国の検査機関だから技術的に信用できるわけがない」という認識を持っていらっしゃるという話を聞いたことがあります。その気持ちの裏返しとしては、ご自分たちの技術力の高さを固辞したいのでしょう。

もちろん、日本の検査機関のレベルは世界有数でしょうが、中国の検査機関のレベルの高さも相当なものです。本書で何度も取り上げているように、中国は世界の工場であり、世界各国の認証を日常的に行っています。そのための設備や人員なども有しているわけで、レベルの低いままではビジネスが成り立つわけがないことも事実です。

実際、当社では日本向けのキュービクルという大型変圧器を中国で許認可認証したこともありますが、その際は、世界レベルの検査機関を利用しました。

また、他の諸外国向け許認可認証も基本的に中国で行っていますが、今まで検査内容などで問題が起こったことはありません。

■技術レベルの問題以上に、ＰＳＥへの理解（知識）レベルの問題

しかし、これからご紹介していくように、中国検査機関による検査不備が多発している現実もあり、当社も年がら年中にお客様からのご相談を受けています。

特に、初めて中国の工場を経由した中国検査機関へ丸形ＰＳＥの試験依頼をされる方は、まず間違いなく一度は直面する問題でしょう。

ただそれは、検査機関の技術レベルの問題以上に、日本のＰＳＥへの理解レベルの問題だと考えており、そこをうまくハンドリングできればビジネスも有利になっていきます。

言葉で言うのは簡単でしょうが、それを実践するのが難しいということはわかっています。１つの解決方法としては、最初から信頼できる検査機関を利用するというやり方もあります。

例えば、経済産業省の登録検査機関になっているＣＱＣ（中国品質保証センター）やＴＵＶなどに依頼をしたり、それらと提携している検査機関を利用することも可能です。少し腰を据えて臨む

ことになるかもしれませんが、1つの選択肢として覚えておいてください。

〔PSE、PSC編〕
3　中国検査機関を使うメリット

■中国検査機関を使うのが正攻法

やはり早さが一番のメリットです。中国でつくったものをわざわざ日本にサンプルを送って検査するよりも、中国国内で行ってしまったほうが断然に早くなります。特に、少しサイズが大きめな製品であったり、リチウムイオン蓄電池のサンプルを送るとなると、日数や費用なども相応に発生してきます。あとは、日本の検査機関にサンプルを送りたがらない工場も多くあります。

考えてみれば、一見の海外（日本）の事業者からいきなりPSE試験したいから日本の検査機関にサンプル・資料を送ってほしいと言われたら、警戒するのも当然です。他にも、途中で一部不合格になってしまった場合など、対策さえすればリカバリー可能なのに、日本の検査機関と中国工場では言語の問題などでコミュニケーションできませんので、そのまま終了となってしまうケースも大いにあり得ます。

そうした観点からも中国検査機関を使うほうが正攻法であると言えます。

そうなると、やはり現地に優秀な中国人のビジネスパートナー（代行会社）を迎え入れる必要もあるかもしれません。広く情報を集め、ご自身に合う人材を見つけるようにしてください。

■一番のデメリットはやはり間違いが多いこと

具体的にどんな間違いがあるのかは後述しますが、基本的に間違いだらけです。じゃあ、そもそも中国の検査機関を使うことはできないのではないかというように思われるでしょう。しかし、それは日本の輸入事業者が何にも知らない場合です。

知らなければ間違いがあってもそのまま素通りにしてしまいますが、しっかりと知識・情報があれば事前に問題点を伝えることは可能ですし、チェックをする際にも工場と深い部分で交渉が可能になってきます。

大事なことは、こちらがちゃんとした検査機関を指定するなど、中国工場に任せっきりにしないことです。

■費用的には自社単独でやれば日本の検査機関よりやや安くなる

日本の検査機関と中国の検査機関で費用比較した際、対象の許認可認証商品にもよりますが、基本的には中国検査機関のほうが安くなるでしょう。

しかし、だからと言って格段に安いということはないと思います。特に、当社のような代行会社を入れるとなるとその費用も掛かるので、日本の検査機関に単独で出すのと同等くらいかもしれません。費用的なメリットもさることながら、中国で検査することのメリットは上述したようにそのスピードです。

一方で、費用的部分だけで何の調整もせずに中国検査機関の利用を決定することはおすすめできません。上述したように、その試験内容は間違っていることがほとんどです。

第5章でお伝えしたようなＰＳＥ検査内容があり、その内容自体は中国でやろうと日本でやろうと変わりません。

検査内容はそれなりのボリュームがあるわけで、格安を含めて極端に安いわけがありませんので、廉価を謳うところはそもそも検査内容を理解しておらず、検査項目が抜けていることもしょっちゅうですので、その点はあらかじめ注意しておきましょう。

■丸形ＰＳＥに本来的には証明書は存在しない

ＥＣサイトでも「ＰＳＥ取得しています」といって丸形ＰＳＥの証明書のサムネイルを貼ってあるのを見たことがある方もいらっしゃると思いますが、丸形ＰＳＥに関しては証明書の有無は法的に必須ではありません。

大事なのはどの規格で、どのような試験をしたかです。証明書をもらっただけで満足せず、検査内容を確認するようにしましょう。

【図表 63　丸形 PSE 証明書の例】

◆ CERTIFICATE OF CONFORMITY ◆

CERTIFICATE

Certificate No.: EZT20191227245P

Applicant	:	Technology Co., Ltd
Address	:	Shenzhen Guangdong, P.R China
Manufacturer	:	Technology Co., Ltd
Address	:	Shenzhen Guangdong, P.R China
Product	:	
Model No.	:	DSHJ-S-1904A, DSHJ-S-1904B
Trade Name	:	N/A
Report No.	:	EZT20191227245PR EZT20191227245SR
Test Standards	:	IEC60335-1:2010+A1:2013+A2:2016 J60335-1(H27) JIS C 9335-1:2014 J60335-2-J6(H14) J55014(H27)

The EUT described above has been tested by us with the listed standards and found in compliance with the electrical appliance and material control law.it is possible to use PSE Marking to demonstrate the compliance with this law.

This certificate of conformity is not transferable and based on an evaluation of a sample of the above mentioned product.

PS E

Steven (Chief Manager)
Dec.27,2019

Technology Co., Ltd

Add: Guangming District, Shenzhen City, Guangdong Province, China

Web: www.ezt-lab.com Tel: +86- 0755-33150178 Fax: +86- 0755-23218109

〔PSE、PSC編〕

4　PSE、PSC商品を販売するために必要な事業届について

海外工場でのPSE試験が終了した後は、経済産業省にPSE（電気用品）の輸入時届けを行うことになります。その際、必要な書類一式を提出することになりますが、そこにはPSEの検査レポートは提出物に含まれておらず、図表64のような事業届の様式と電気用品の概要を表した型式区分を提出すれば届出自体は終了します。

その後は、商品へのPSE表示や自主検査などを滞りなく行っていただき、販売まで話は進んでいきます。事業届の書き方は見本（図表64）を参考にしていただければ結構簡単に書けますし、行政書士などの専門家に作成代行を委託することもできます。

ここでは作成以外の部分で、事業届の注意ポイントなどをお伝えしていきます。

■事業届を出すタイミング

PSEフロー上では基準適合確認（サンプル検査）の前に事業届けを出すことになっていますが、（自社で製造しない）輸入商品の場合、後述する型式区分が検査後でないと作成できない関係上、検査後の事業届が一般的です。

【図表 64　様式の書き方見本】

電気用品輸入事業届出書の記載例

様式第１（第３条関係）　　*（記載例を斜体で表示）*

電気用品輸入事業届出書

〇〇年〇〇月〇〇日

〇〇経済産業局長　殿

事業所所在地を管轄する経済産業局長宛
ただし、事業所所在地が複数の経済産業局の管轄区域内にまたがる場合は、経済産業大臣宛

登記上の記載とする

東京都千代田区霞が関〇丁目△番×号
ＰＳＥ株式会社
代表取締役　電安 太郎

社印及び社長印は不要

電気用品安全法第３条の規定により、次のとおり届け出ます。

１．事業の開始の年月日　　*〇〇年〇〇月〇日*

事業届出は、事業開始日以降３０日以内に届出が必要

２．輸入する電気用品の区分　　*電子応用機械器具*

届出は、製造する電気用品の区分ごとに必要

３．当該電気用品の型式の区分　　*別紙のとおり*

電気用品名と型式の区分表をまとめて別紙とすることができる。

また、同一の電気用品区分であれば複数列記し、型式の区分表を別紙とすることもできる

４．当該電気用品の製造事業者の氏名又は名称及び住所
ABC Corp.
No. X, A RD., Los Angeles, CA, USA

・登記単位で記載する
・生産工場すべての記載が必要

当該電気用品を製造する工場又は事業場の名称及び所在地
ABC Electronics Corp.
No. Y, B ST., San Francisco, CA, USA

５．専ら輸出するための当該電気用品の輸入の事業を行おうとする者にあっては、その旨
なし

国内での販売を考慮している場合は、「なし」を記載。

当該製品が、輸出用（日本国内で販売しない）の電気用品の場合、輸出専用のものであることを記載する（施行令第４条）

連絡先：品質保証部　電安　二郎　電話：０３－３５０１－△△△△

連絡先（担当者名、電話等）を余白に記載

ただ、前か後かによる影響はないのであまりに気にされなくて大丈夫です。なお、届けは申請制なので、様式の記載内容に問題がなければ即日受理されます。

■ＰＳＥ検査をちゃんと行っていなくても事業届はできてしまうので要注意

次ページでもご説明しますが、電気用品安全法の法制度として、正しく製品検査、自主検査、表示などがされているという前提の下、事業届は様式と型式区分を提出して終わりです。経産省のチェック体制としては、その後、何か製品事故が起きたり、もしくは試買テスト・流通後規制で正しいＰＳＥ対応をしていない事業者に対し、注意勧告などを行うことになっています。

ここで1点気を付けておいていただきたいのは、お伝えしたように菱形ＰＳＥについては登録検査機関によって厳然と試験されますが、丸形ＰＳＥについては正しく試験がされているかどうかは事業者の自己責任になるという点です。つまり、事業届が受理されたと言っても、決してその内容が認められたということではないことを意識しておきましょう。

事業届を行いつつ、正しい事業運営ができているかどうかは常に努力する必要があります。少し面倒くさくも聞こえますが、こうした取り組みが他社との差別化につながっていくわけです。なお、何度か登場している「型式区分」は書式が一か所に集約されている関東経済産業局のページがあるので、そちらから該当する型式をダウンロードして工場に型式内容を聞きながら作成するようにしましょう。

■事業届の提出方法

管轄する経済産業局に郵送もしくは持参する方法と、保安ネットと呼ばれる電子申請する方法があります。詳しくは経済産業省のホームページなどを参照してください。

〔PSE、PSC〕編

5 間違っている検査レポートだと何が問題なのか？

レポート内容に間違いや不備があっても、経済産業省への事業届ができるのであれば、それはそれでいいのでは？　と考えるのが一般的かも知れません。

まず、先述した事業届の考え方のおさらいになりますが、PSE、PSCの商品を輸入して販売する際、責任の主体（すべての責任）は届出をする輸入事業者となります。つまり、万一日本で製品事故などがあった際も、法的には生産工場への責任追及はありません。

もちろん、責任を負う日本の輸入事業者と何らかしらの契約を結んでいれば、輸入事業者と生産工場の間で何かしらの協議もあり得るでしょう。

例えば、輸入事業者が国内対応をするためにかかった経費が100万円だとして、そのうちの30万円は工場が負担する、などです。

しかし、海を挟んだ事業者同士で、特に工場側としては、まだそれほど関係性のない日本の事業者に対してであれば、対応の返事をしないということで事が済まされてしまう可能性は十分にあります。

要するに、電気用品関連を販売における責任はすべて輸入事業者に対して発生することになるので、想定されるリスクは一通り排除することが求められます。なので、工場より提供されたＰＳＥレポート内容をろくに確認もせず、そのまま販売し続けることは大きな問題です。

■輸入事業者名の表示は商品に何か問題があればすぐに連絡できるため

商品に表示されている輸入事業者名を調べれば、すぐに販売先も確認することができます。何か問題があれば、経済産業省やその政策実施団体（外郭団体）による、事業者への立入調査が実施される可能性もあります。

「まずはＰＳＥの検査レポートを見せてほしい」

このように言われたときに、レポート内容に問題がなく正式な手順は踏んでいるとわかってもらえれば、それなりの対応で許されるかもしれません。しかし、レポート内容に不備があるものだといろいろと問題はややこしくなってしまう可能性が高まります。あくまで当社事例による推測です。多くはケースバイケースです。

一方、ＥＣ以外で販売する場合に、卸先企業の担当者がＰＳＥにとても詳しく、しっかりと検査されていないものは一切導入してもらえないので、怪しいレポートではなく自分でイチからＰＳＥ

検査をしたいというお客様もいらっしゃいました。

■結局は輸入事業者がレポート内容をしっかりと把握しよう

結局、どんなにひどいレポートだったとしても、責任はすべて事業者が負うことになるので、「工場に言われた通りにやった」という言い訳は通用しません。

対策としては、本書に書かれている内容をしっかりと勉強していただき、どういう問題があるのかを確認されること、工場のいうことは信じすぎずに疑ってかかるくらいに確認すること、検査機関条件などは自ら提示するなどしてみてください。

最後に、後ほど事業届のつくり方部分でも触れますが、経済産業省に行う「事業届」に必要な「型式区分」を作成してくれることはありません。工場に確認すれば作成可能かもしれませんが、かなり専門的になる部分もあり、できれば検査機関に作成してもらいたいものです。

〔PSE、PSC編〕

6　ＰＳＥレポートがとんでもなかった事例のご紹介

「中国工場が自ら手配した中国検査機関による丸形ＰＳＥの検査レポートが間違っている可能性が高い」と何度もお伝えしていますが、では具体的にどのようなところが間違っているのか、見ていきましょう。

■【規格違い】電気用品安全法別表8・9・10と別表12の違い

第5章でも書きましたが、ここは本当に重要ですので、あらためて解説します。PSE（電気用品安全法）には大きく①日本独自の技術基準（JIS）と、②国際規格（IEC規格）に準拠し日本独自の考え方を追加した技術基準の大きく2つの技術基準があります。これが一番多い間違いです。

①は電気用品安全別表1から11まであり、②は同法別表12となっています。、基準内容を満たしてPSE試験を行っていれば、どちらの規格を採用しても構わないのです。

ちなみに、ECサイトで販売するような一般家電品のほとんどは別表8となり、本書でも登場するモバイルバッテリー（リチウムイオン蓄電池）は別表9となります。前章でお伝えしたEMIは別表10（騒音の強さ）で規定されています。一方、国際ベースの別表12はすべてが1つにまとめられてます。

そうした状況で、海外の検査機関では、日本規格ではなく国際規格を採用して試験をすることが一般的です。もっと言うと、指示を出さなければ国際規格でやってしまうことがほとんどです。まずは、経済産業省に自身が扱う商品は、別表12でできるのか、別表8でないといけないのかなどを確認してみましょう。どうしてもわからない場合は、当社のような代行会社に連絡してください。

■別表8でしか試験ができないものもある

それの何が問題かというと。別表8をベース、もしくは別表12のどちらで試験をしてもいい製品も多いですが、その中には別表8の規格でしか試験ができない（日本のＰＳＥ基準を満たすことができない）ものも存在します。

例えば、オゾン、マイナスイオン、電解水などを発生させる家電製品がありますが、それはＰＳＥ上では「医療用物質生成器」という電気用品区分となります。決して、医療現場で使われるとか、医療機器に該当するとかではなく、そうした電気用品区分の名称だと思っていてください。この「医療用物質生成器」は別表8の規格（ＪＩＳ）のみ該当することになっていますが、ＩＥＣ（規格）の表示で試験しているレポートを見かけることがあります。

細かい部分での例外もありますし、具体的な規格番号まで掲載すると混乱する可能性があるので本書では割愛しますが、結構な割合で日本規格と国際規格を混同しているレポートがあることは覚えておいてください。

対処方法としては、生産工場・検査機関に対してどの規格でやるのかを事前に確認するか、工場が既に持っているというレポートを入手したら、試験規格を他の日本の検査機関や当社のような代行会社に確認されてみてください。

■ＥＭＩ試験をしていない、ＥＭＩ試験しかしていない

製品の安全試験とＥＭＩは別項目ですので試験レポートもわかれることになります。その際、ＥＭＩレポートがない、ＥＭＩレポートしかないケースが散見されます。ＥＭＩレポートは第５章でもご紹介した波形のものです。こうした点も注意してみるようにしてください。

その他、周波数や電圧に関する表示間違いも多いですが、そちらは後述するラベル表示の項目で確認されてください。

〔ＰＳＥ、ＰＳＣ編〕

７　ヨーロッパのＣＥ認証、世界のＣＢテストなど他国認証を持っていても基本的に無関係

■他国の認証があれば販売できるのか

中国工場と許認可認証について交渉・確認をしていると、ＣＥ（ヨーロッパ）、ＵＬ（アメリカ）、ＣＢ（世界）、ＣＣＣ（中国）などの許認可認証なら取得している、という回答をもらうこともあるかもしれません。しかし、それらが日本のＰＳＥ、ＰＳＣ、電波法などの許認可認証とどういう関連性がどのようにあるのかわからない、という声も多くあります。

他国の許認可認証があれば、そのまま販売してよいのか、少し情報を整理しておきましょう。

■日本の許認可認証は日本の基準をクリアしている必要がある

世界ではＩＥＣ（国際電気標準）という、その名の通り、国際的な電気技術の標準化を進めるための国際法が制定されています。古くは１９０８年にフランスを中心に制定されています。その後、１９１２年に日本電気規格協会（ＪＥＳＡ）が発足してＩＥＣに加盟するなど、日本の電気技術は世界（主に欧米）とともに発展してきました。詳細は割愛しますが、その後も、日本独自のＪＩＳ（日本産業規格：改正前は日本工業規格）とＩＥＣはともに歴史を歩んできました。

つまり、世界各国の電気関連の規格は決して、その国（地域）の完全オリジナルではなく、主にＩＥＣ（国際法）の基準に基づいて、それぞれの国・地域の特性を考慮するなどして制定されています。また、規格・規制が関税のように各国・地域の国内産業を保護する参入障壁になっている側面もあります。

そうした前提のもとに照らし合わせて、上述した世界各国のＣＥ、ＵＬ、ＣＢ、ＣＣＣなどの許認可認証を取得していた場合、日本のＰＳＥ、ＰＳＣ、電波法などが免除されるかと言えば、基本的にはＮＯです。そのようなことはありません。

世界各国の許認可認証をしているということであれば、製品そのもののクオリティの高さは担保されるでしょうが、許認可認証という販売規制の観点から言うと、他の認証が免除されるということはありません。この点はしっかりと認識しておいてください。

先述したように、皆一様に、基準となる法律に基づいていても、実際に試験する技術基準、規格

【図表65　左から、CE、CB、CCCの証明書】

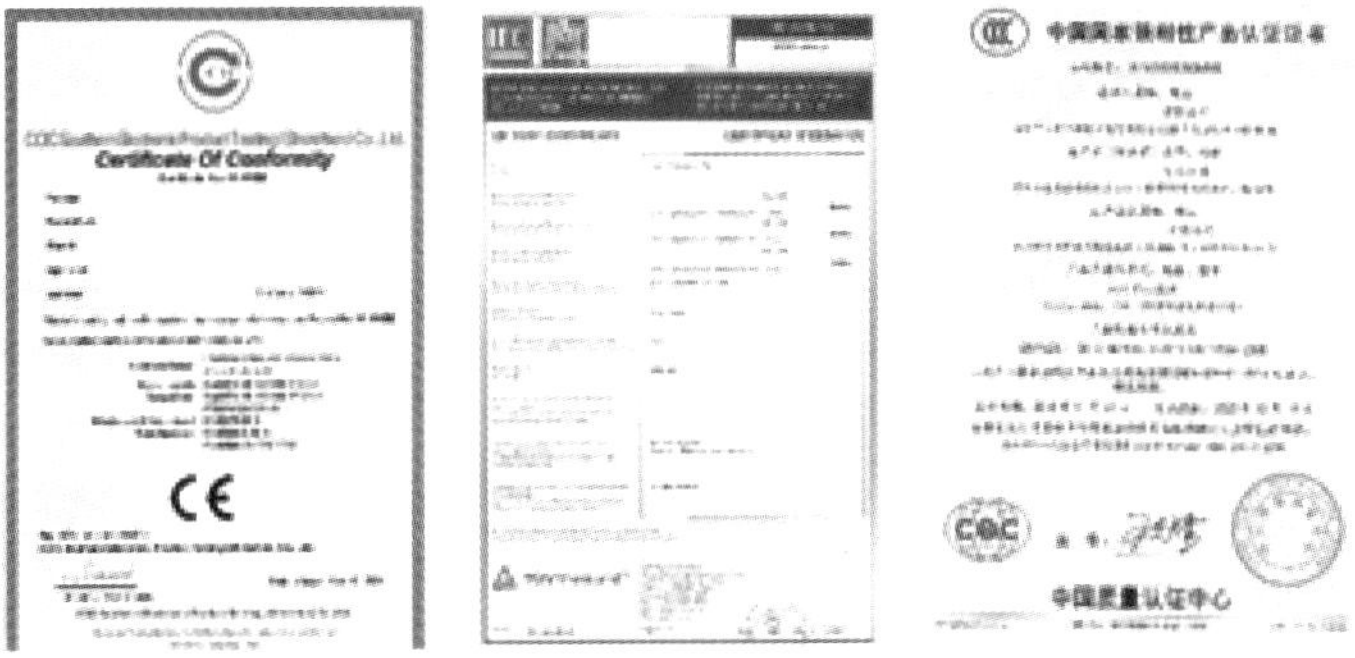

CBは自国で独自基準を持っていない国で使用されるケースが多い

は世界各国・地域において違いますので、やはりそこは違う試験が求められることになります。

■中国工場担当者からすると、日本は決して美味しくない市場

GDP世界3位と言われている日本市場ですが、世界規模から見れば決して規模が大きいわけでもなく、一方で独自の技術基準が多く、また生産ロットも小口という海外の生産工場からすると必ずしも美味しい市場ではありません。

そういう前提を理解しておかないと、「(海外工場の)担当者が日本のPSEを理解していないダメな工場だ!」という憤りを感じるだけで話が一向に進んでいきません。

現状のよし悪しはとりあえずおいておき、こうした冷静で正確な判断はとても重要です。

こういった点から考えても、中国では日本ファーストは成立しづらくなっています。

〔PSE、PSC編〕

8　販売前の「自主検査」は最重要項目！

■検査とは

ＰＳＥフローの中にある「自主検査」という項目について、実際に輸入事業者が手を動かすことはほとんどないのですが、その内容はしっかり理解しておく必要があります。

ＰＳＥ認証が必要な電気用品を海外工場で生産させて、それを出荷（輸入）する際にＰＳＥで定められた基準に基づいて製品を「自主検査」して、その記録を保管しておく必要があります。

ここでいう「検査」とは、ＰＳＥで行う製品内部や部品などの検査ではなく、外観検査、通電検査、絶縁耐圧検査など、このまま製品を流通させても問題ないかという検査です。平たく言うと、検品です。

■ＰＳＥで決められた自主検査項目は外観検査、通電検査、絶縁耐圧検査の３つ

具体的にどのような検査（検品）が必要なのでしょうか？

①外観検査：目視などで商品に破損がないか、異物・異形などがないかの確認

②通電検査：（電源コンセントを差し込み）電気を通してみて稼働するかどうかの確認

③絶縁耐圧検査：絶縁耐圧器（テスター。図表66）を用いて電流が漏れていないかどうかの確認

①②については簡単に○×で済む話です。一方で、③については絶縁耐圧器を購入もしくはレンタルなど調達して検査実施する必要がありますし、どのくらいの負荷（電流）を掛けて検査をするかは製品によって違うのでやはり工場の担当者が行うのが一番です。

【図表66　絶縁耐圧器】

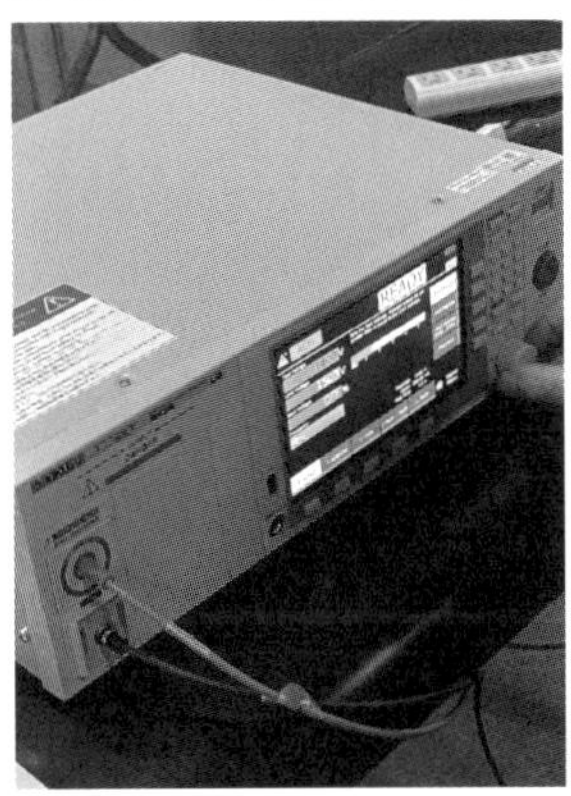

■自主検査は全数検査が求められる

自主検査は抜取検査ではなく全数検査が義務づけられています。例えば、１０００台輸入をする場合は１０００台分の外観検査、通電検査、絶縁耐圧検査が必要になってきます。輸入事業者が保管すべき記録用紙は内容をまとめた頭紙の1枚で十分だと経産省の見解があります。ただし、検査記録そのものは工場にデータ保管しておいてほしいということです。

経済産業省から定められた記録用紙特段のフォーマットはなく、必要な検査内容などが盛り込まれていれば書式自由です。商品台数が増えてくると、正直、全数検査は大変です。工場もかなり嫌がります。ただ、日本の法律では全数検査が必須となっていますので、そこはやってもらうしかありません。交渉が必要なところです。

■自主検査は基本的に工場が行うもの

自主検査は生産工場がやるのもよし、ご自身でやるのもよし、代行会社に委託するのもよし、いろいろ選択肢はありますが、基本的に生産工場がやるのがよいでしょうし、むしろやるべきだと思います。

その理由として、前記の絶縁耐圧器は通常で言えば工場にしかありません。事業者がイチから調達するのは、はっきり言って費用の無駄です。何より、製品のことを一番理解しているのは生産工場であるはずですし、そもそも検品をするのは生産工場の務めです。工場が生産したものを他の場所で検査をするというのは、とても非効率な話です。

工場も当然検品はするもの、という認識はあるでしょうし、大よそ自社独自の検査フォーマットがあるはずです。あとは、外観検査、通電検査、絶縁耐圧検査の有無を確認して、ないようであれば追加してもらうようにしましょう。併せて、実施場所（工場名）、日付、検査担当者、検査台数などが記載されているかも確認しましょう。

先述したように、全品検品を面倒くさがる工場もいますが、その際は日本の法制度の説明し、また工場の事情を聞くなどしながら調整していきましょう。

特にAmazonでは販売する際、全数検査の記録は必ずと言っていいほど提出を求められますので、放っておくことができない項目です。ただあまり強く言い過ぎると、工場との仲も決裂しかねませんので、やり方に行き詰ったら専門家と確認しながら穏便に進めていきましょう。

〔PSE、PSC編〕

9　PSE対象外の場合にそれをどうやって証明すればよいか？

■PSE対象外の認証

電源コンセントを使う家電商品、リチウムイオン蓄電池を使う商品を販売するにはPSEが必要だということはご理解いただいていると思います。一方で、USBケーブルを使う商品、乾電池を使う商品、シガーソケットを使う商品、リチウムイオン蓄電池を使っていても電池密度が規程容量を下回っている商品などはPSE対象外になることをご説明しました。

そうなると、当然PSE試験費用などは発生しませんし、PSE試験にかかわる作業コストも発生しませんので、事業者の方としてはかなり嬉しいニュースになるでしょう。許認可認証がなしとなるとそこでの参入障壁はつくれなくなりますが、その際は別商品であらためて考えればよく、とりあえず目の前の許認可認証問題はクリアしたことになります。

■中にはPSE対象じゃないと困ることもある!?

一方、事業者の方で経産省などに確認してPSE対象外だと認識・判断したとしても、販売先がその理由について納得してくれない場合もあります。例えば、USBケーブルだからPSE対象外、乾電池だからＰＳＥ対象外というのはすごくわかりやすく、まさに火を見るより明らかですので、販売先もすぐに理解してくれるでしょう。

しかし、ＰＳＥの中には電源コンセントを使っていても、ＰＳＥ対象外になるケースもあります。そうすると、「この電気用品はＰＳＥ対象外です」と事業主は理解していたとしても、販売先の方からは「ＰＳＥ検査逃れをしているだけだ。実際に販売するのは自分たちなので、しっかりとしたエビデンスを提出してほしい」と言われてしまうこともあるようです。そうしたお客様から、冗談交じりに「ＰＳＥ対象じゃないと逆に困るんですよ」と言われたこともありました。

■ＰＳＥ対象外であることを示すＪＥＴ回答書

そうなると、むしろＰＳＥ検査をしてしまってほしいと相談されることもあるのですが、検査機関としては自らの信用問題にもなるので、ＰＳＥ対象外のモノを無理矢理検査してＰＳＥ証明書を発行するということは基本的にやりません。

中には、節操ない検査機関はそういうことをするかもしれませんが、ちゃんとした検査機関は決してそのようなことはしませんし、インチキ証明書を発行しようとする検査機関はそもそもの検査内容にも懐疑的になってしまいます。

もちろん、本書をお読みになられている方にはそうした無駄なことはしていただきたくありません。その際は、本書でも何度か登場している日本の検査機関・ＪＥＴから、扱おうとしている電気

【図表 67　JET 回答書（一部）】

技術相談　メール回答(事前通知)

2021.10.15

様　　　　　JET 一般財団法人　電気安全環境研究所

お申し込み頂きました下記技術相談の回答について、メールにて事前にお知らせ致しますので、ご確認願います。

なお、技術相談では、コンサルティングに係る業務並びに製品の合否判定はできません。合否の判断を必要とされる場合は、依頼試験(備考4の①, ②のリンク先参照)により、ご確認願います。

この回答内容にご不明の点がございましたら、center@jet.or.jp 宛にメールにてお問い合せ下さい。

(回答内容により新たな懸案事項が生じた場合は、新規のお申し込みとなりますので、ご了解下さい。)

技術相談受付番号	
品　　　名	リチウムイオン蓄電池

1. 電気用品安全法(対象・非対象:電気用品名の確認)の解釈について	
1	ご相談の「リチウムイオン蓄電池」(JY603048)は、直方体の単電池(定格容量:925mAh, 定格電圧:3.7V)で、体積エネルギー密度が「電気用品安全法施行令」別表第二第一二号「リチウムイオン蓄電池」の“400W 時毎リットル以上のものに限る。”の規定に該当しないため、電気用品安全法上「対象外」として取り扱うことが妥当と考えます。 (1)単電池1個当たりの体積エネルギー密度は、電池寸法(W:49.5mm, D:30.5mm, H:6.2mm)情報から算出した値は「365.6Wh/ℓ」となり、規定値の「400Wh/ℓ」以下である。 (2)参考までに、上述の電池寸法「49.5mm」は、口出し線接続部の基板を含む寸法と類推されることから、この寸法を「46.5mm」(−3.0mm)として算出した場合でも「389.2Wh/ℓ」である。

用品の仕様を伝えて、ＰＳＥ対象外であることの回答書をもらうようにしましょう。

図表67はＪＥＴ回答書の一部ですが、リチウムイオン蓄電池の電池密度を計算したうえで、ＰＳＥ対象外ということをコメントしてくれています。経産省はこうした文書は出してくれませんので、どこかにお墨付きを得たい場合はかなり重宝します。

しかし、ＪＥＴもコンサルティングをしてくれるわけではなく、聞き方を間違えると大変ですのでその点は注意してください。

〔ＰＳＥ、ＰＳＣ編〕

10　ＰＳＥラベル（銘板）のチェックポイント

■ラベルに事業者名の表示はなぜ必要か

第3章でＰＳＥ、ＰＳＣ商品はラベル（銘板）に事業者名を商品に表示しなければならないということはご説明しましたが、今回は事業者名の表示がなぜ重要であるかということと、定格についての考え方をお伝えしていきます。図表68は前回も引用した表示例です。

■ＰＳＥマークは表示しているだけでは違法

事業届のページでも書きましたが、ＰＳＥ、ＰＳＣのいずれにおいても、事業者名（輸入事業者

【図表 68　電気用品安全法の表示例】

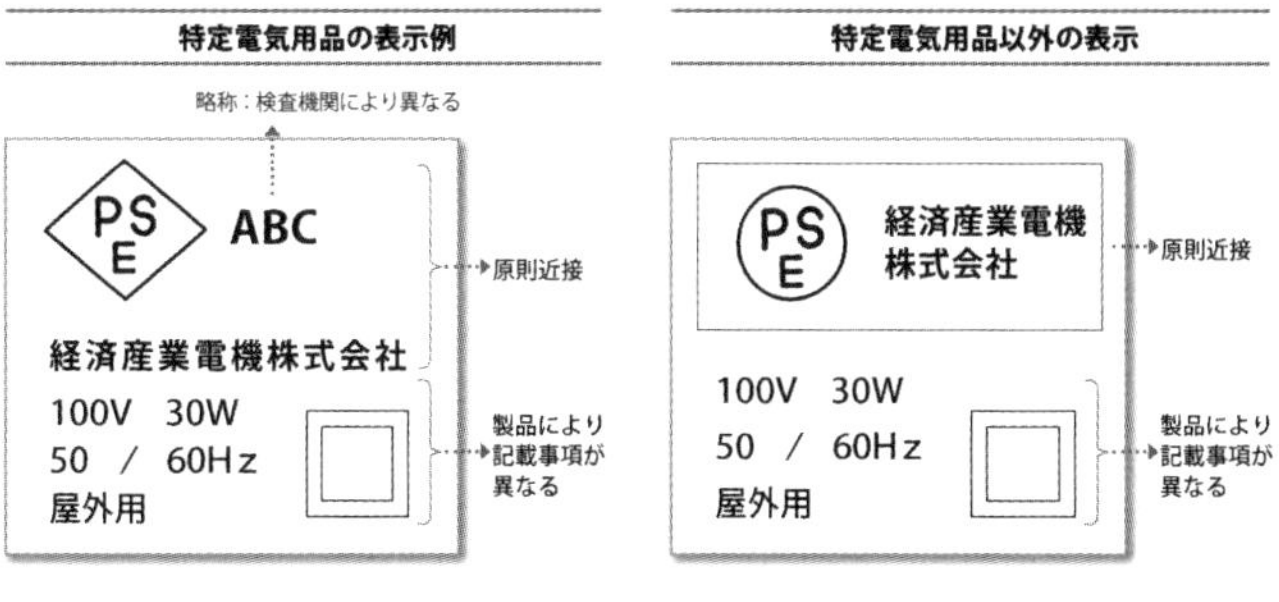

注）点線及び｝は説明用に示したもので、実際の表示例ではありません。

出典：経済産業省

名）を製品上に表示しなければなりません。理由として、事故の危険が伴う可能性が高いＰＳＥ、ＰＳＣ対象商品において、何かあった際に責任の所在（連絡先）が明確になっておく必要があるためです。

　ＰＳＥ、ＰＳＣの法制度に関わっていない時点では、耳学問的な感じがして深く認識されないかもしれませんが、この事業者名表示というものはとても重要です。次のページでお伝えする経済産業省の試買テスト・流通後規制においてもこの事業者名表示はかなり厳重にチェックされます。

　また、最近では、ＥＣサイト上で中国人（外国人）セラーがＰＳＥ認証していることを訴求している事例も目に付くようになりましたが、実際に商品を購入してみると、マークだけ印刷して輸入事業者名（日本法人名）が記載されていないものばかり。きちんと事業届をしていない証拠であり、検査もまともに行っているかわからない状態です。

【図表 69　PSE マークがあっても事業者名の表示がない】

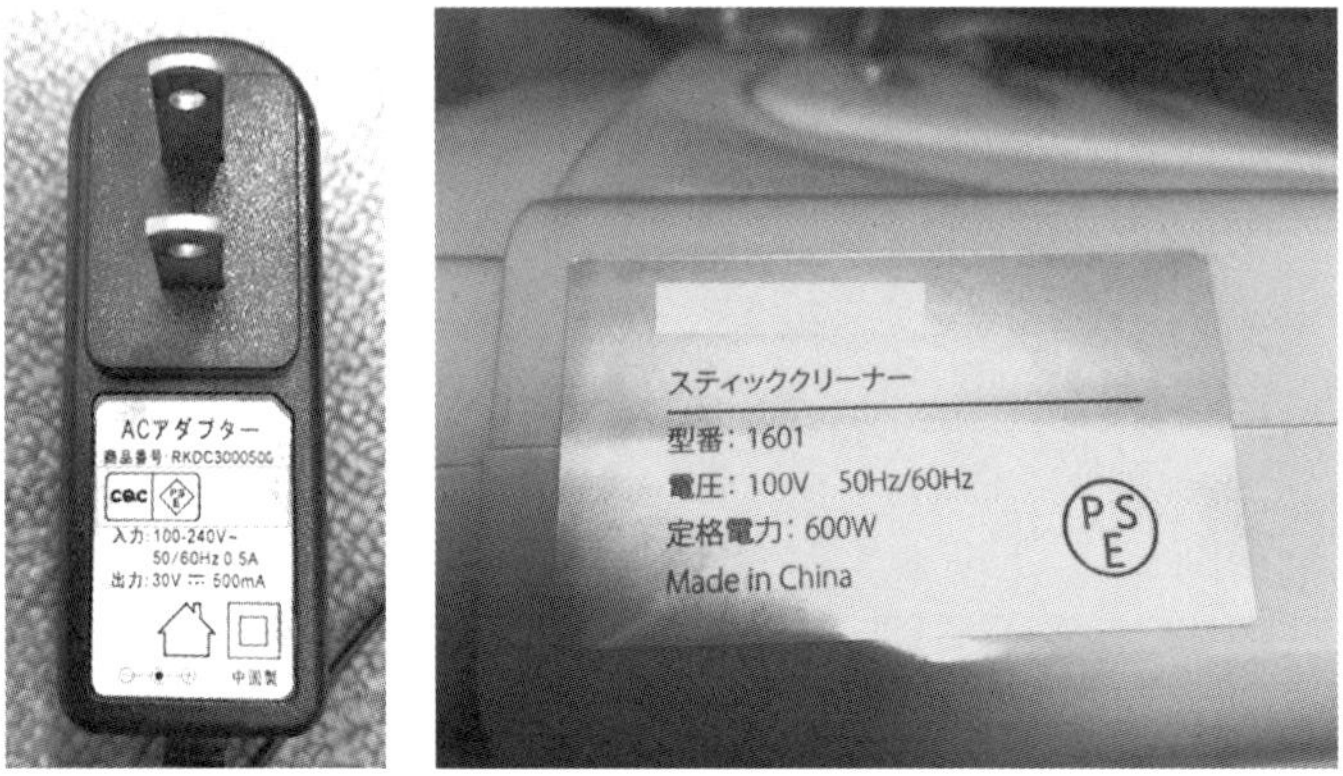

電化製品 / 左がアダプター、右が掃除機（筆者撮影）

そもそもＰＳＥ試験や事業届をしていないというのは論外ですが、それらをちゃんとやっていても、事業者名表示をしていないと違法扱いにされてしまうので十分に注意してください。

■定格や周波数やその他表示について

「定格」という言葉にあまりなじみがないとかもしれませんが、簡単に言うと、その電化製品における使用電力の基準値のようなものです。技術者でもなければ詳しい意味を覚えておく必要もありませんが、定格入力電圧（Ｖ）、消費電力（Ｗ）などは覚えておきましょう。日本の公称電圧は１００Ｖですので、工場と確認して１００Ｖにしてもらい、表示もその通りに行います。

電力容量も工場と確認してその数値を表示することになりますが、電力容量（パワー）は商品の命と呼ぶべき部分です。本来であればどのくらいの力を発揮するものか、工場と協議して決定していくところでもあります。
周波数は50／60Ｈｚになるのが一般的です。50Ｈｚは東日本用、60Ｈｚは西日本用で、両方で使えるのが通常です。中国産ですと60Ｈｚだけになっていることも多いので注意しておきましょう。

〔PSE、PSC編〕

11　試買テスト、流通後規制

試買テストとは

「試買テスト」という言葉は聞き慣れませんが、経済産業省では図表70のように規定しています。

【図表70　経済産業省の試買テスト】

> 経済産業省では、製品安全政策の一環として、製品事故の未然・再発防止を図るため、市販されている電気用品を買い上げ、電気用品安全法令に定める事項の遵守状況（技術基準の適合状況及び電安法施行規則に基づく表示の妥当性）を確認し、電気用品の安全性確認とともに、製造事業者及び輸入事業者に対する指導監督に資するデータを得ることを目的として、毎年、試買テストを実施しています。

既に流通している（販売されている）認証対象商品を経産省が委託した行政機関が買い上げ、PSEマークがしっかり表示されているか、検査機関に提出した技術資料通りに作成されているかなどのチェックを行っています。

なお、この内容についてPSEだけではなく、PSCなど経産省が管轄している許認可認証商品に関しては、同様のことが行われています。

■流通後規制

PSE電気用品安全法では、流通後の電気用品の安全性を担保するための措置の一環として、製造・輸入届出事業者や販売事業者に対して、報告の徴収、立入検査、電気用品の提出、改善命令、表示の禁止、危険等防止命令などの義務を課しています。

■立入検査

立入検査の事例は当社のお客様からもよく聞く話です。経産省のページにも「届出事業者に対しては国又は独立行政法人製品評価技術基盤機構（通称：NITE）が届出事業者に対して、立ち入り検査を行うことができるとし、事業者側もそれを受け入れなければならない」とされています。

当社のお客様は初めてPSE認証される方も多いのですが、初めてPSE試験をして初めて事業届を行うと、それを見たNITE（ナイト）からPSEで必要な資料の手配などができているかどうか、確認の意味も込めて立入検査が訪れることが多いようです。期日までに対応する義務があります。

■改善命令

法制度に則って、不備のある内容があればそのリカバリーを求められます。例えば、ＰＳＥレポート内容などに不備があれば、それらの再検査などを求められる場合もあるかもしれません。

■表示の禁止

ＰＳＥはあくまで「表示して販売できる」という解釈なので、内容不備など法律違反をすると（最大1年間）、販売事業ができなくなる場合があります。

■危険等防止命令

使用した場合の危険がある製品は自主回収などを命じられる場合もあります。当社のお客様でもそのような対応をされていた方がいらっしゃいました。当社には、製品回収後に、法制度などを確認しながら進めたいとご依頼がありました。

基本的にこうした事象があることは事前に説明などされませんので、事業者の方が自ら調べて普段から対策しておく必要があります。

〔電波法編〕

12　許認可認証した商品は総務省ページで検索できる

■販売後の規制・取締まり内容

経済産業省管轄のＰＳＥ、ＰＳＣに関する販売後（流通後）規制・取締り内容についてご説明しました。一方で、総務省管轄の電波法ではどのようになっているのかをみていきましょう。

ＰＳＥ、ＰＳＣなどと電波法の規制に関して大きく違う点は、先述したように、ＰＳＥ、ＰＳＣは販売規制であり、販売した事業者が罰せられて使用しているユーザーは罰則になりません。他方、電波法は使用規制であり、販売した事業者は罰せられず、使用しているユーザーが罰則になります。

しかし、そうしたユーザーが不利益になるようなものを販売していることでコンプライアンス上の問題が大有りですので、違法品を野放図に販売している事業者は自然と淘汰されていくでしょう。直接的な罰則がないとしても、ネットに「電波法違反の会社」など書き込まれたりしたら、ずっと残ってしまいますので、そうした意味でも事前の対策は必要です。

【図表71　電波法マークと電波法番号の例】

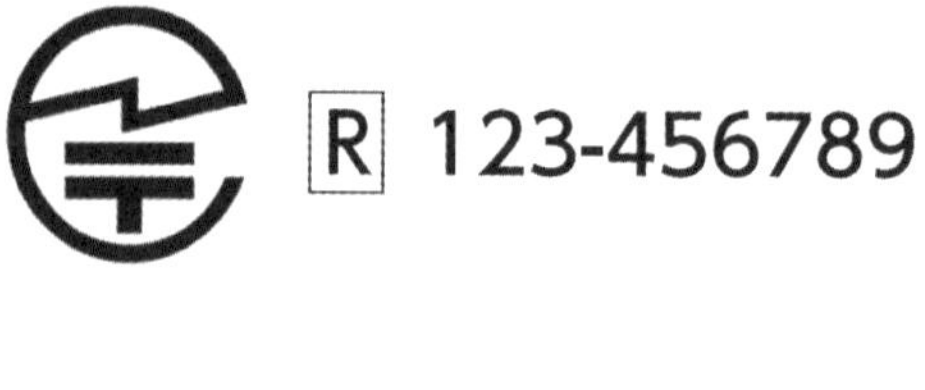

【図表 72　総務省の電波法番号検索ページ】

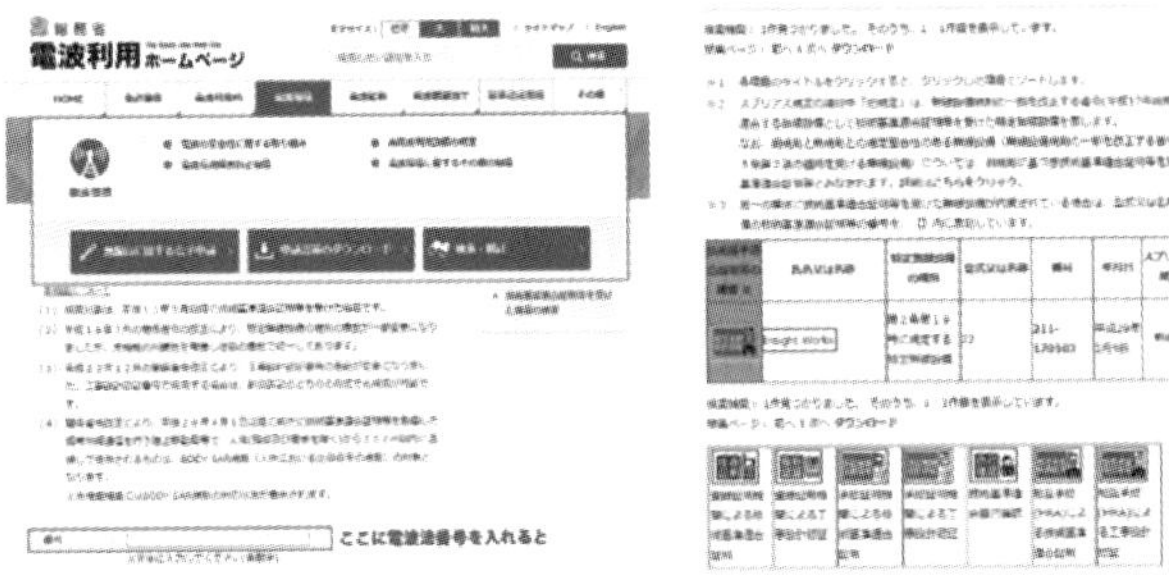

出典：INSIGHT WORKS 社（211-170103）の事例で検索

■電波法番号から検索できる

なお、電波法マークと番号が表示について、ＰＳＥ・ＰＳＣなどとは違って事業者名を表示する義務はなく、パッと見では電波法番号のみ表示されることになるので、本当に電波法認証されているかわかりません。そうした中、総務省ページから電波法番号から実際に許認可認証されているかを検索することができます。

https://www.tele.soumu.go.jp/giteki/SearchServlet?pageID=js01

「総務省 電波法 機器検索」などの単語でもweb検索可能。

ページが出てきたら、図表71のように電波法番号を入力して検索すると、図表72のように事業者名や種別などが表示されます。番号の入れ方がわかりづらいですが、Ｒマーク以下の9桁の番号を○○○－○○○○○○という形式で、ハイフンを忘れずに入力してください。ちなみに、最初の3桁は各登録検査機関に割り振られた番号です。

これにヒットしない場合は、番号を偽った違法品となりますが、総務省ページに反映されるのは認証日から2か月ほどかかるので、検索ヒットしない＝即違法ではありませんので、その点はご注意ください。

■電波法にも認証取得事業者向けた流通後の確認がある

販売事業者ではなく取得事業者に対して、実際にどのくらいの数の商品を輸入しているかという確認の書面が届くことがあります。基本的に販売事業者と取得事業者はイコールでしょうから、しっかりと数の確認をして、報告できるようにしましょう。

〔共通編〕

13　許認可認証の申請は輸入事業者であっても、権利は工場に付与される

■PSE・丸形PSC・電波法の許認可認証費用の支払い者（申請者）は、法制度上重要視されない

許認可認証費用を支払う事業者さんが必ず一度は疑問に思われることに、海外工場での許認可認証におけるその検査費用は自分（当社）が支払いますが、その権利は当然自分たちに担保されるのか？　ということがあります。

結論を先に言うと、資金拠出先（申請者）に関係なく、丸形PSE・菱形PSE、丸形PSC、電波法においては生産工場（の当該製品）に許認可認証の権利が付与されます。菱形PSC、食品衛生法についても製品の権利自体は工場に付与されますが、申請者とセットで登録されます。

【図表 73　総務省の通知書（一部）】

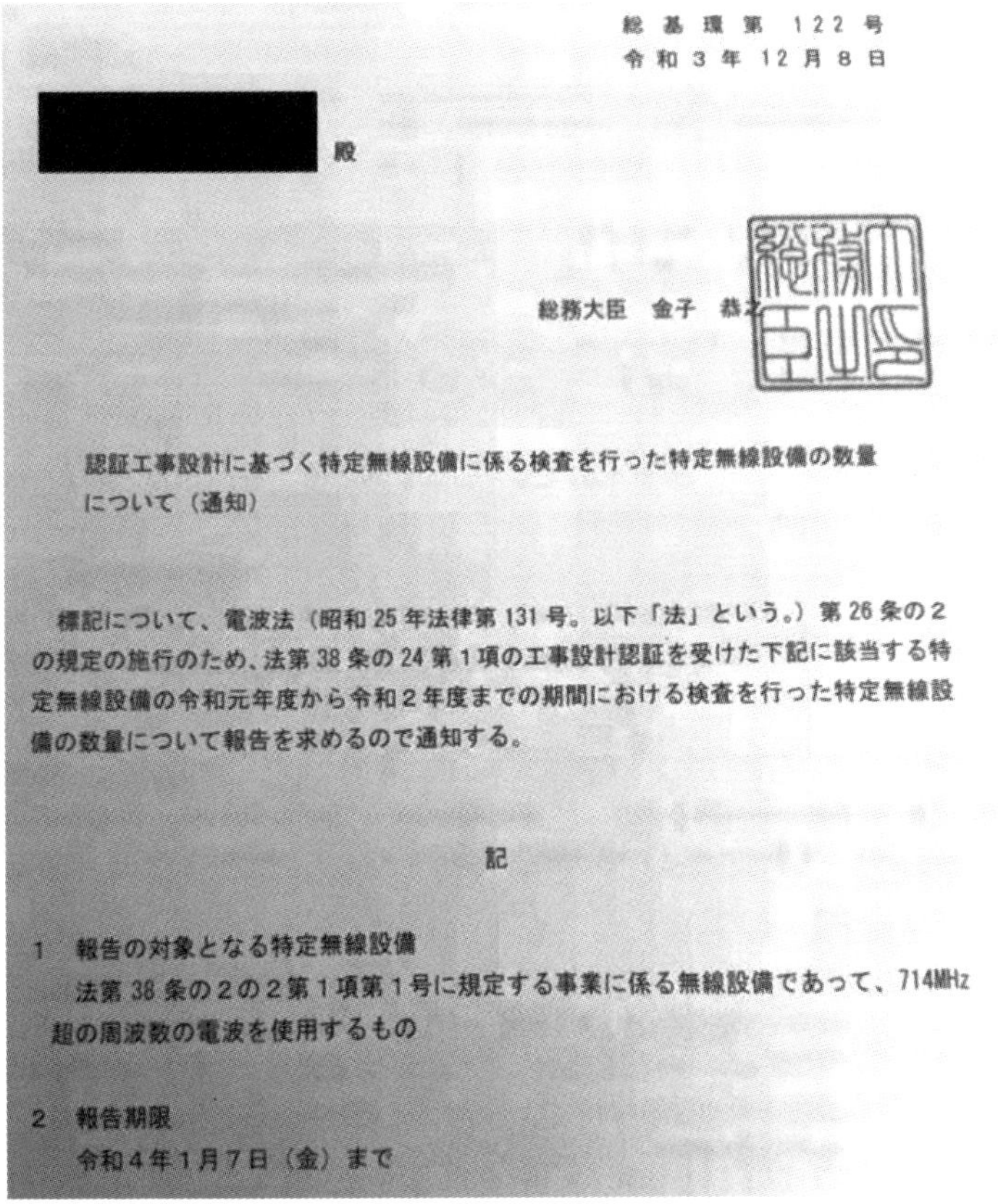

総基環第 122 号
令和 3 年 12 月 8 日

[redacted]殿

総務大臣　金子　恭之

認証工事設計に基づく特定無線設備に係る検査を行った特定無線設備の数量について（通知）

標記について、電波法（昭和 25 年法律第 131 号。以下「法」という。）第 26 条の２の規定の施行のため、法第 38 条の 24 第１項の工事設計認証を受けた下記に該当する特定無線設備の令和元年度から令和２年度までの期間における検査を行った特定無線設備の数量について報告を求めるので通知する。

記

1　報告の対象となる特定無線設備
法第 38 条の２の２第１項第１号に規定する事業に係る無線設備であって、714MHz 超の周波数の電波を使用するもの

2　報告期限
令和４年１月７日（金）まで

ＰＳＥ、丸形ＰＳＣ、電波法の許認可認証費用を誰が支払ったかということは、法制度上ではあまり重要視されません。この点はしっかりと認識しておいてください。

■許認可認証の商品（の権利）を横流しされる可能性もある

例えば、Ａ社がＰＳＥの資金拠出を行い、中国工場がＰＳＥ認証をして、Ａ社が輸入事業者として経済産業省に届け出れば、Ａ社の名前をＰＳＥラベルに表示して販売することは可能です。これが一般的です。

しかし、想定できる問題点として、仮に生産工場がＰＳＥの認定書（のコピー）などを保有していて、それを（Ａ社に無断で）Ｂ社に渡して、Ｂ社が輸入事業者として経産省に事業届をすることはＰＳＥの制度上は可能です。丸形ＰＳＣも同様であり、電波法については事業者名の表示義務もありませんし、総務省への届出も不要です。

もちろん、そのようなことが明るみになれば、Ａ社はＢ社に対してクレームを言うことになるでしょうが、当の海外工場においては特段の法的責任は発生しません。そうならないためにも、Ａ社は工場に対して、横流しをしないように契約をきちんと締結したり、そもそも試験が終わって認定書（のコピー）は見せない・渡さないようにするなど対策は必要です。

法律内容を理解しておかないと思わぬトラブルに巻き込まれる可能性はありますが、一方、こうした法制度の利点として考えられるのが、第1章で解説したように1つの許認可認証を複数者（社）でシェアできるという点です。例えば、A社が資金拠出した許認可認証を、B社、C社でも事業届(販売）は可能なので、複数者（社）で協議ができていれば費用の節約にもなります。ご自身のビジネスモデルに合わせて、法律の仕組みを理解して使い倒していきましょう。

■菱形ＰＳＣ、食品衛生法の場合

菱形ＰＳＣ（レーザー）は最初に経産省に事業届出を行い、その後、検査機関に検査を依頼することになります。ＰＳＣ認定書には、申請者名（輸入事業者名）と生産工場名が記載されますし、ＰＳＣラベルでも、申請者名が表示されるので、その他の事業者名を表示することはできません。なので、工場が横流しをして他の事業者名を表示した場合、その事業者は正式な手続をしていないことになるので、経産省の取締りの対象となります。

食品衛生法については、検査証明書にある事業者名と違う事業者が検疫所への輸入届けをする事はできませんので、この時点で工場の横流しは事実上不可能となっています。

■輸入通関が厳しくなれば状況が変わる可能性もある

これまでの説明は現段階での日本における話です。例えば、お隣の韓国や中国などでも電化製品などの許認可認証はありますが、輸入通関の際に各種証明書の提示が求められます。昨今、違法家電が増えている日本でも同様の対応が発生してくるかもしれません。そうすると工場の横流しはなくなりますが、輸入時までにおける許認可認証の実施も厳格に求められてくるかもしれません。

〔共通編〕

14 製品を変更したい場合、許認可認証は取直しの必要があるか？

■一度許認可認証したものをそのまま使えるか

相応の費用を支払った許認可認証をした製品でも、以降ずっとそのまま販売し続けることのほうが珍しく、また工場においても製品をアップデートしていくことはむしろ当然だと言えます。そうなると気になるのが、「一度許認可認証をしたものをそのまま使えるのか？」という点です。

結論としては、「変わる内容による」ということでケースバイケースです。総務省ページで顕著な例がありますので、少し長いですが引用したいと思います。

■追加試験が必要かどうかは変更内容と検査機関の判断

> 質問48：工事設計認証を受けていますが、部品の納入業者の都合上、工事設計書の「送信機の型式又は名称」を変更する予定です。登録証明機関で工事設計認証を受け直す必要がありますか？
>
> 回答48：工事設計認証を受けた時に提出した「工事設計書」の記載事項について、その一部に

でも変更が生じるような設計変更は、異なるタイプとして、登録証明機関で認証を取り直していただくことになります。（中略）
なお、登録証明機関は、既に技術基準適合証明等を受けた工事設計等に関して、軽微な変更を行った工事設計に基づく特定無線設備についての工事設計認証に関しては、その審査の一部を省略することができます。送信機の特性に大きな変更がないと確認できるのであれば、登録証明機関の審査は簡易なものになると期待されます。
（引用：総務省ホームページ「基準認証制度についてよくある質問（FAQ）_1.技術基準適合証明（技術基準適合認定）制度」一般について）

最後の一文にある「登録証明機関の審査は簡易なものになると期待されます。」の言葉の通り、電波法認証をした製品内部のモジュールや仕様が変わっていない限り、軽微な筐体の変更、単純な型番変更などは各登録証明機関（検査機関）の判断によって、簡単な（書類）審査で済ませてよい、ということであると解釈できます。

電波法に限らず、どの許認可認証でも共通していますが、そうした点は基本的には検査機関の裁量・判断に任されているようです。

■事業者の仕事は商品の変更内容を正確に把握すること

実際に当社にもこのような質問が多いですが、いつも聞き返しているのが、「結局、何が変わるのですか？」という点です。カラーバリエーションが増えるのか、サイズが変わるのか、出力容量が大きくなるのか、内部のモーターが変わるのかなど、「変更」と一言で言っても多種多様です。

許認可認証試験の内容に関係のない外見上の軽微な変更であれば、問題ない場合が多いですが、モーターや基板など内部構造に変更がある場合は、検査機関や代行会社に相談するようにしましょう。

大手企業さんのロングセラー商品でも違反とされる事例を時折見かけますが、その傾向として、最初はちゃんとやっている一方で、変更時などの確認漏れが多いように感じています。これもケースバイケースですが、いずれにしてもイチから取り直すのではなく、部分的な検査で済むこともありますので、そうした点は予め確認するようにしましょう。

■工場が勝手に部品変更をしていないか定期的に確認が必要

認証検査の取直しが発生するか以前の問題として、そもそも工場が勝手に部品変更をした生産をしていないかどうかを確認することも事業者の務めです。ＰＳＥ認証していないものを故意で販売するのは論外だとしても、一度試験に合格したとしても、本当にその際に使用した部品などを使って生産を続けてくれているかどうか、どうしても確認は必要です。

大手企業も含めて、事故であったり違反であったり、大概その理由は生産現場で勝手に部品を変えているなどが挙げられます。厳密にやり過ぎるのは難しいかもしれませんが、ロングセラーなどが生まれてきたら、そういったことにも気を配りはじめる時期かもしれません。

第7章　許認可認証に関するこぼれ話

1　オリジナル家電製品をつくるためのリーズナブルOEM手法

電源コンセントなど日本で販売するために必要な部分を最低限変更し、許認可認証をして、そのまま販売する方もいらっしゃいますが、実は、少し仕様変更（ＯＥＭ）してオリジナル家電製品をつくる方法もあります。

家電品のＯＥＭは金型変更などするからお金がかかるのではないか？　という疑問もわくかもしれませんが、金型変更をしないで、ちょっとした工夫でリーズナブルにオリジナル家電製品はつくれる場合もあります。

■電源コンセントの長さを変えるだけでもＯＥＭになる

例えば、画像は投げ込みヒーターというもので、電源を付けると先端部分が発熱し、投込んだ先の水の温度を上げてお湯にしてくれる商品です。

アウトドアなどに重宝されていますが、販売されているものの多くは、電源コンセント１・５ｍ～２ｍ程度。仮に、これをアウトドアで利便性向上を狙って5メートルくらいに変更してみたら、それ

【図表 74　投げ込みヒーター】

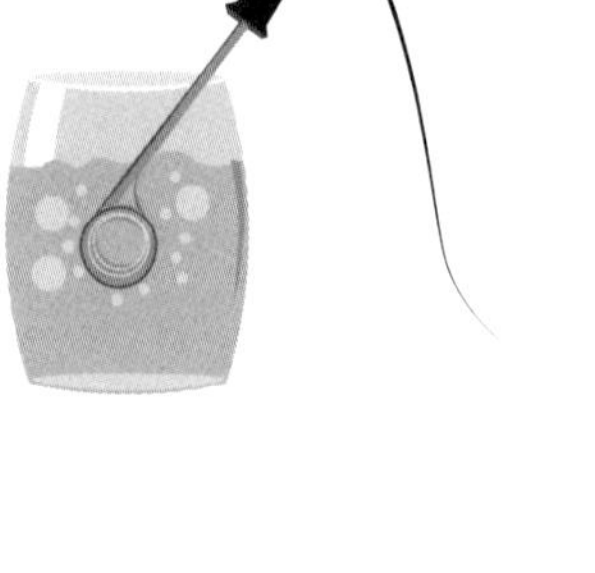

【図表 75　Makuake ページ目標額 400% 超えした室内用小型乾燥機の事例】

も立派なＯＥＭです。

日本の仕様に合わせるために電源コンセントの変更は必要ですが、それに加えて「長さ」を変えてみるという視点もあります。これで売れるかどうかはわかりませんが、あくまで一例としての話です。

他には本書は白黒でわかりづらいでしょうから画像は割愛しますが、単純に商品ボディーの色を変えるというやり方もあります。色を変えるくらいであれば結構簡単にやってくれるので、許認可認証の協力依頼とともに、カラーチェンジをさせてみるのもありでしょう。

■本格的にＯＥＭしてクラウドファンディングに出すという手法

第３章でMakuakeなどのクラウドファンディングについて少し触れましたが、実はクラファンはＯＥＭの実験場であったりします。先述した際には、簡単に「ＯＥＭ」と書きましたが、もう少し具体的に言うと、既製品である中国生産の乾燥器に独自のヒーターを搭載することで、省エネ（電気代削減）、加熱コントロールなどを実現することができました。

しかし、ＯＥＭすることによって、これまでにない商品を生み出すことになるので、それが本当に売れるのかわからない部分はあります。そうした際、サンプルや許認可認証などの問題を上手くクリアしつつ、プロジェクトを開始させ、お客様の需要を探ることができます。

残念ながらプロジェクトが失敗に終われればそのまま開発も終了させればよいですし、成功すれば集めた資金をもとに量産などを進めていけます。第３章にも書いたように、うまくいった際には、マーケティングや広告効果もある方法です。

ＥＣサイト初心者であれば、物販をやってクラファンをやってといろいろ大変になりますが、アイデア次第でやり方は無数にあるということを覚えておいてください。

2　許認可認証の費用ってどのくらいかかるの？

■お客様が一番知りたいのは検査費用

ＰＳＥ、ＰＳＣ、電波法、食品衛生法など許認可認証の検査や法制度などについて理解できてきた方も多いのでしょう。しかし、法制度がわかっても、結局何だかんだで気になるのは「検査費用」

でしょう。

これまで１０００件近くのお問い合わせをすべて筆者自身で対応してきましたが、やはり許認可認証に関してお客様の一番の知りたいことは「検査費用」です。これまで本当に何度も何度も「認証っていくらですか？」という漠然とした質問を投げかけられたかわかりません。検査費用については第２章で少し書きましたが、あらためてもう少し深掘りしていきたいと思います。

■業界全体に漂う見積りの不透明感

実は当社自身も他社の見積りはあまり知りません。ミステリーショッパーを装って他社から見積りを聞き出すような真似もしていません。特に日本の検査機関に対してはそのようなことはせず、時折、相見積もりをしていらっしゃると自ら教えてくださるお客様には、他社はいくらくらいですか？　と聞いている程度です。その内容を自分の頭の中でデータベースにはしていますが、いずれにしても当社では他社の見積りは参考するくらいにとどめています。

当社の話はこの辺にしておきますが、いずれにしても料金体系がわかりづらい世界だということは認識しています。

その原因として、正確にカウントしたわけではありませんが、総じて許認可認証検査を行っているプレーヤー（検査機関）の数が少ないこと（一方でどこもその技術力は高いこと）、そして許認可認証をしないと販売ができないという事業者の義務感などがあり、結局のところ、価格は検査機関の言い値になっていると考えています。特に、実施できる検査が2法人しかないＰＳＣレーザー試験費用などは、価格なんてあってないようだとも感じています。

しかし、許認可認証が大衆サービスでもない一方で、関連している人間がそれなりに存在しているわけなので、ＰＳＥ、ＰＳＣ、電波法などが1個数万円のわけがないというのも業界関係者として理解しています。

■結局、許認可認証費用っていくらですか？

御託を並べましたが、お客様からのこの質問に対して当社のいつもの回答は「極論を言うようですが、そのご質問は『家建てたいけどいくら？』と聞いているのと同じですよ。まずは許認可認証したい商品の情報をください」としています。

そうすると、ほとんどの人がその後の連絡はありません。実際のところ、許認可認証する商品によって千差万別なので、単純に「いくら？」と聞かれても答えられないのが本音です。

■具体的に許認可認証をしたい商品を決めてから見積りを確認しよう

本書をお読みいただいている方々へのヒントとしては、ＥＣサイトで販売するようなＰＳＥ、電波法の商品であれば許認可認証費用は最低でも数十万円はかかるでしょう。細かい見積もりは商品情報を確認しないとわかりませんが、こうした情報をもとに、やりたい商品を決めて、情報収集していきましょう。

最終的に説明などで納得できる検査機関に決めるのが一番いいでしょうが、値段だけで決めると、特に中国では先述したようなPSE不完全や、途中挫折などの危険もありますのでご注意ください。

3　許認可認証の期間ってどのくらいかかるの？

■検査期間そのものは案外長くない!?　長いのは実は……

認証期間は生産工場の協力具合、サンプル作成をするための部品を取り寄せるサプライヤーの協力具合などによって大きく変わってくるというのが実情です。

実のところ、認証期間は検査を始めてみないとわかりません。「そんな無責任な！」と思うかもしれませんが、実際のところそうなのです。

例えば、何度も許認可認証試験をしている日本のメーカーが日本の検査機関に出すような仕事であれば、それこそすべて滞りなく進むでしょうが、初めて日本の許認可認証をするような中国（海外）工場であれば、右も左もわからないわけなので、何の問題もなく進むほうが奇跡と考えたほうがいいかもしれません。

しかし一方で、要領のいい工場、とても親切な工場、依頼主のお金払いがいいと感じている工場であれば、サクサク仕事を進めてくれるのも事実です。ただ、そうしたことも実際に試験を始めてみないとわかりません。

そういう事情も含めて、質問を受けた際には、「（当社指定の中国検査機関で試験実施する場合は）試験そのものの正味期間は約1か月、ただし、サンプル準備のためのリードタイムは含まれません。サンプル準備期間は、工場・サプライヤーの協力具合、能力次第なので予測が付かず、1週間で準備できる場合もあれば、1か月、2か月かかることもあります」と伝えています。

モノづくりの現場の経験が少ないとイメージしづらいかもしれませんが、「サンプル準備」というものはすごく時間が掛かります。特に、中国（海外）でデフォルト作成したものを日本の仕様に変えるわけなので、PSEであれば電源コンセントや電圧の調整は必要ですし、電波法であれば周波数帯域の調整があります。

PSCレーザーに至っては、そもそもレーザーそのものをつくり替える必要があるかもしれません。そうなると、やっぱり時間はかかる可能性があるのです。

■当社事例から見る認証期間の悲喜こもごも

お客様から特急のご用命があり、また生産工場も必要な資料、サンプルを用意してあった電波法認証試験を約2週間で完了させたことがありました。一方で、いつまで経ってもサンプルを提出しない工場に関して言えば、サンプル提出に11か月ほど掛かり、試験は1か月で終了したということもありました。

お客様からは、「急いでください、急いでください」と言われるのですが、生産工場がサンプルを提出しないので、急ぎようがないというのが実際のところです。

逆に言うと、サンプルや資料を出してさえくれれば、いくらでも急ぎようがあります。生産工場とは、日本仕様に合わせたサンプル提出時期など細かい部分の確約は難しいでしょうが、交渉ができる第三者に手付金を払い、まずは許認可認証を始めてみるというのも1つの手だと思います。

■短すぎる試験期間（納期）をコミットする代行会社は疑ったほうがいい

一方、ＰＳＥを2週間くらいで必ず全部終わらせるという中国の会社もあるようですが、それは間違いなく嘘でしょう。仮に試験レポートが出てきても、本当に正確な試験をしたかどうか怪しいものです。

許認可認証試験というものは規定の期間がありますので、ビジネスを急ぐあまりに短すぎる工程のものを受け入れてしまわないように注意しましょう。

4　国家の成り立ちは許認可認証から始まっている

■計量法の期限は７０１年の大宝律令までさかのぼる

本書では取り上げていませんが、ＰＳＥ、ＰＳＣなどと並んで「計量法」という経済産業省管轄の法律があります。対象としては、一般（家庭用）体重計、乳幼児用体重計、調理はかりなどの家庭用品から、郵便局の手紙の重さを量る業務用はかり、電力メーター、タクシーの料金メーターなど「計る、量る」機能がある計量器に対する許認可認証です。

計量法は、一般流通の観点から言えば、ＰＳＥなどと比べるとかなりマニアックな法律という印象がありますが、その歴史はＰＳＥ（電気用品）などより遥かに古く、日本で言えば、起源は７０１年の大宝律令まで遡ることになります。

長さ・かさ・重さ、いわゆる度量衡「はかる（測る・量る・計るなど）」という行為は、我々の生活に欠かすことのできないものであり、例えば、水道、ガス、電気の使用量や、ガソリンスタンドでの給油量、食料品の計量、健康管理のための体温計、血圧計、体重計等、様々な計量器が使用されています。また、長さ：メートル、質量：キログラム、時間：秒、電流：アンペアなど、聞き慣れた単位が多いですが、こうした単位も国際社会で統一されています。

■世界初の許認可認証は秦の始皇帝より始まった

現在、週刊ヤングジャンプ（集英社）で連載されている漫画「キングダム」でも有名な秦の始皇帝。歴史上では彼の評価（功罪）は大きく分かれていますが、彼が行った事業においては２０００年以上の時を経た現代にも原形が残っているものもあり、その1つに、貨幣・度量衡などの統一があります。

秦が統一するまでの中国は春秋戦国時代と呼ばれ、秦・楚・斉・燕・趙・魏・韓の7つの国が覇権を争っていました。その頃は、各国で独自の貨幣・度量衡があったわけですが、それらを統一することで、権力の統一も始まったのです。

先述したように、中国の文化を学んでいた日本でも701年に大宝律令を制定し、度量衡を統一することで中央集権国家の原型を築き上げています。

近代になり、安土・桃山時代、太閤となった豊臣秀吉が全国的に検地竿で農耕地を測量し、升で収穫量を把握する太閤検地を行いました。細かい制度内容は割愛しますが、簡単に言うと、土地の権利関係の整理と、その時代において各地でバラバラだった単位の統一を図ることで、自らが天下統一した国家の更なる安定を企図したわけです。

■明治時代の日本の国際化は規格の国際化から始まる

江戸時代の日本は、当然世界各国とは別の独自の計量単位を使用していたわけですが、明治維新があった19世紀においてアジア諸国の中で迅速に国際化を遂げられた理由の1つとして、いち早くメートルやグラムなど単位を国際標準に切り替えたことが挙げられます。

もちろん、急激な変更に対する国民の反発がかなりあったのも事

【図表76　計量法丸正マーク・計量器マーク】

実ですが、そうした背景によって日本の国際化が始まったという歴史的背景は抑えておきましょう。電気や電波などにおいても同様の変遷を経て現在の法律に至っています。

5　許認可認証の商品を事業売却（M&A）した話

■ワイヤレスプレゼンターの事業売却（M&A）

実は、本書でも何度かご紹介したPSC・電波法の許認可認証をしたワイヤレスプレゼンターを事業売却（M&A）した経験があります。最近では、バトンズ（Batonz）、トランビ、M&Aクラウドなどの M&A仲介サイトの増加や関連書籍が数多く出版されるなど、その敷居はずいぶんと下がってきており、ビジネス界隈でのM&Aという行為が身近になり始めていると感じています。

しかし、いずれにしても、まだまだM&Aというのは会社そのものや店舗物件など、規模の大きいものの売買収が主流であると捉えられがちです。

■許認可認証は国家認証と同等

これは是非覚えておいていただきたいのですが、前記のような規模の買収とは言わずとも、それほど大きい事業でなく、小さくとも形となっている社会的評価の高い事業（商品単位のビジネス）を欲しいと思っている人は意外に少なくないのです。それこそECサイトの事業者であったり、これから副業を始める方、物販とは関係ない小規模事業をされている方などです。

ＰＳＥ、ＰＳＣ、電波法などは民間試験などではなく、国家が定めた技術基準による許認可認証になりますので、それらをしっかり行っている商品とそれを有する事業者に対する社会的評価は高く見られる傾向があります。

事業売却は黒字であることが前提なのですが、黒字ではなくて赤字でも買いたい人も時折いらっしゃいます。むしろ、黒字の事業を売りに出されるほうが稀だったりします。

例えば、赤字事業でもそれを買収して自社事業に絡めることで新たな収益源を生んだり、新しい事業を入れることで銀行融資を受けやすくなったり、ゼロからではなくある程度の段階から新規事業に参入する、など事業を欲しがるニーズは事業者の数だけ存在するのです。

■事業を買うことで時間を買う

当社もご多聞に漏れず、許認可認証の費用もそれなりにかかりましたし、いろいろあってその期間もとても長くかかってしまいました。もちろん、販売を始めてからはそこそこ売り上げていたのですが、これの販売権利取得に興味があるという方がいらっしゃりお譲りすることにしました。

守秘義務の関係もあるのでお譲りした方のことは簡単に書きますが、事業立ち上げ時にビジネスのスピードを上げるため、既に形ができ上がっていて、さらに国家認証などを行うなど要するに国から認められた商品の販売を事業に加えたかったそうです。重要なのは、買収するその事業が取って付けたようなものではないこと。ある程度の販売期間があったり、すぐに売上の見込みが立つ算段ができていたり、何かしらの専門性・販路があったりすると、融資をする側の銀行もデューデリジェンス（査定）を進めやすくなっていきます。

M&Aは属人的要素も多いので必ず売れるということは言えませんが、許認可認証商品にはこうした要素もあるということでご紹介いたしました。

6　ブランドメーカーの許認可認証に関する考え方

■認証取得もブランド活動の一環

「ブランドメーカー」がなぜ、「ブランド」と呼ばれることができるのでしょうか？　いろいろ要因はあると思いますが、大きな点としては、「安心」「信頼できる」「高級感」などがあげられるのではないかと考えます。

仮に、自分が好きで買っていた家電メーカー（の商品）が、許認可認証不備（PSE違反など）で経済産業省に摘発され、商品の自己回収などを行ったとしたらどう思うでしょうか？　期待を裏切られたそのメーカーの商品は二度と買いたいと思わないかもしれません。

そういった事態も想定できるので、商品の世界観をつくる際、商品のコンセプトやデザインなどとともに、ブランドを大事にするメーカーは販売する国の法令などには大変気を遣うのです。

認証取得もブランド活動の一環だと考えています。

■許認可認証もブランドヒストリーの1つ

当社にご依頼いただいている海外の老舗ブランド家電メーカーの日本法人のご担当者様からいただいた内容です。

「ブランド企業としてお客様をがっかりさせてしまうことはあってはならないのです。是非、必要な許認可認証を網羅していただければと思います。不要な任意認証などはやる必要もないかもしれませんが、やらなければならない許認可認証はしっかりと取り組んでいきます」

やらなければならないから許認可認証をしているのと、お客様への価値貢献のために必要な許認可認証を網羅する、というのは結果として同じ状態かもしれませんが、ビジネスに取り組むマインドが違えば、少しずつ差が生まれ始め、次第に大きな差に変わってきます。決してブランド企業をつくるなんて考えておらず、売れればいいという算段である事業者の方も多いと思います。それ自体は間違っていませんし、ビジネスのあり方は人それぞれです。

しかし、時代が成熟化する中で、安かろう悪かろうの企業、販売している商品に何のストーリーもない企業、ましてや法令順守をしていない企業、そうした企業は一時的には売れることがあってもそれを継続することは難しいでしょう。

許認可認証をしたことだってストーリーになったりしますし、それが少し困難に陥ったとなれば、それこそSNSに使える絶好のネタなったりします。そうした1つひとつがお客様へ提供する価値（情報）になる場合もあります。それもブランドの1つです。

■なぜ日本からブランド企業が生まれにくいのか

日本はよく原価主義の値付けをしていると言われています。

アパレルの洋服を例にすると、「生地など原価500円＋縫製など工賃300円＋工場からの送料200円＋販売手数料200円＋利益200円　これらを合計した1400円が販売価格」というような計算です。

このように考えていたら、許認可認証なんて莫大な経費でしかありません。そこにブランドを創造する、販売価格にもその分をしっかり反映させるという視点を入れると、利益も十分に確保できる可能性があります。

目先のお金だけに捉われて許認可認証＝お金がかかるからやりたくない、と考えると、ビジネスをするうえで逆に大きな足かせになる側面もあると覚えておいてください。

一方で、そもそも（強制の）許認可認証をしていないと販売はしてはいけないものなので、許認可認証＝ブランドという考えは少し飛躍しすぎかもしれません。ただ、電化製品系の商品を扱う以上はブランドを構成する一要素であることは間違いありませんので、そうした部分も含めて許認可認証に取り組むようにしてみてください。

7　並行輸入で許認可認証の商品を扱う場合の注意

■並行輸入とは

物販事業をやられている方であれば「並行輸入」という言葉を聞いたことはあると思います。「並行輸入」とは、海外での薬品や化粧品、食品、衣料品、電化製品などの商品を、そのメーカーの日本支社や輸入販売契約を結んだ正規の代理店等を通じて日本に輸入される「正規輸入品」とは異なる（正規以外の）輸入ルートを通じて調達、販売することです。正規輸入品よりも価格が安いことなどから、近年ＥＣサイトを通じて、広く売買されています。

正規ルートを通さないということで、商品（ブランド）の真贋の証明や、正規の輸入業者やメーカーにとっては、商品の品質管理や価格競争力の低下など、一部ではいろいろ課題も多いようですが、ほとんどの取扱いの並行輸入事業者の方がキッチリとお仕事されているでしょうから、そちらについて本書では触れません。

■生産メーカー（工場）にライセンスがおりる許認可認証の商品は並行輸入できるのか

薬品、化粧品、食品などもそうなのですが、今回は電気・電波商品について言及します。本書でもお伝えしていますが、基本的に許認可認証は当該生産工場の当該商品ライセンスが付与される制度です。そのため、例えばすべて全く同じのドライヤーであっても、生産工場が違う（2つ以上ある）場合は両者に関連性は生まれず、それぞれに試験が必要になります。

その際、何が起きるかというと、主に次の3つです。

①毎回違う工場のドライヤーを仕入れるとなると、PSE証明をすることができなくなる

②並行輸入は卸元から分けてもらっているケースも多く、仮にメーカー（工場）は1つだとしても、そこまでに行き着くことが難しく、そもそも許認可認証をしてもらうこともできない

③海外で売れている電化製品でCE認証などをしていても、PSEなどの日本の許認可認証はやっていない

並行輸入にはこういったリスクが想定されます。

■並行輸入で許認可認証商品を扱うのはハードルが高い一方で、食い込めるとかなりのチャンス

許認可認証の商品を扱うには生産工場が一定でない（一致していない）と難しい、正規ルートではないので検査に必要な製品資料を入手することは難しい、などという観点から許認可認証の商品では並行輸入はあまり現実的ではないと言えます。

また、それほど数が出そうにないモノであれば、無理してそうした商品を扱う必要はないでしょう。以前に、並行輸入をしている知人からも同様のことを言われた記憶があります。

ただ一方で、人がやらないからこそビジネスチャンスがあるのも事実ですので、売れると思った

商材であれば、交渉してみる余地はあるかもしれません。ただ、その際に、何の理論武装もせずに、「許認可認証したい」とだけ伝えても意味がありません。どういった資料やサンプルが必要になるのか、まずはそこから確認してみましょう。

またもう1つのやり方としては、その商品がCEなどの海外の許認可認証を受けているかどうかは必ず確認するようにしてみてください。ここの部分だけは当社の宣伝になってしまうのですが、海外の試験レポートなどがあればどうにかできる場合もあります。そうした局面に接することがあればご相談いただければと思います。

8　そもそも電波法認証を行う意味とは

■電波法認証が必要な意味

電波法認証をしなければならない、ということを繰り返し述べていますが、そもそも電波法認証を必要とする意味とは何でしょうか？　PSE、PSC商品などは使用するユーザーの安全性という意味が強くありますが、電波法については、社会秩序の確保という側面が強くあるようです。その部分について言及されている記事を引用したいと思います。

「電波を発する外国製の機器が出回り、航空機などの通信装置が妨害を受けるケースが起きて

【図表77　電波妨害のイメージ（引用記事から筆者作成）】

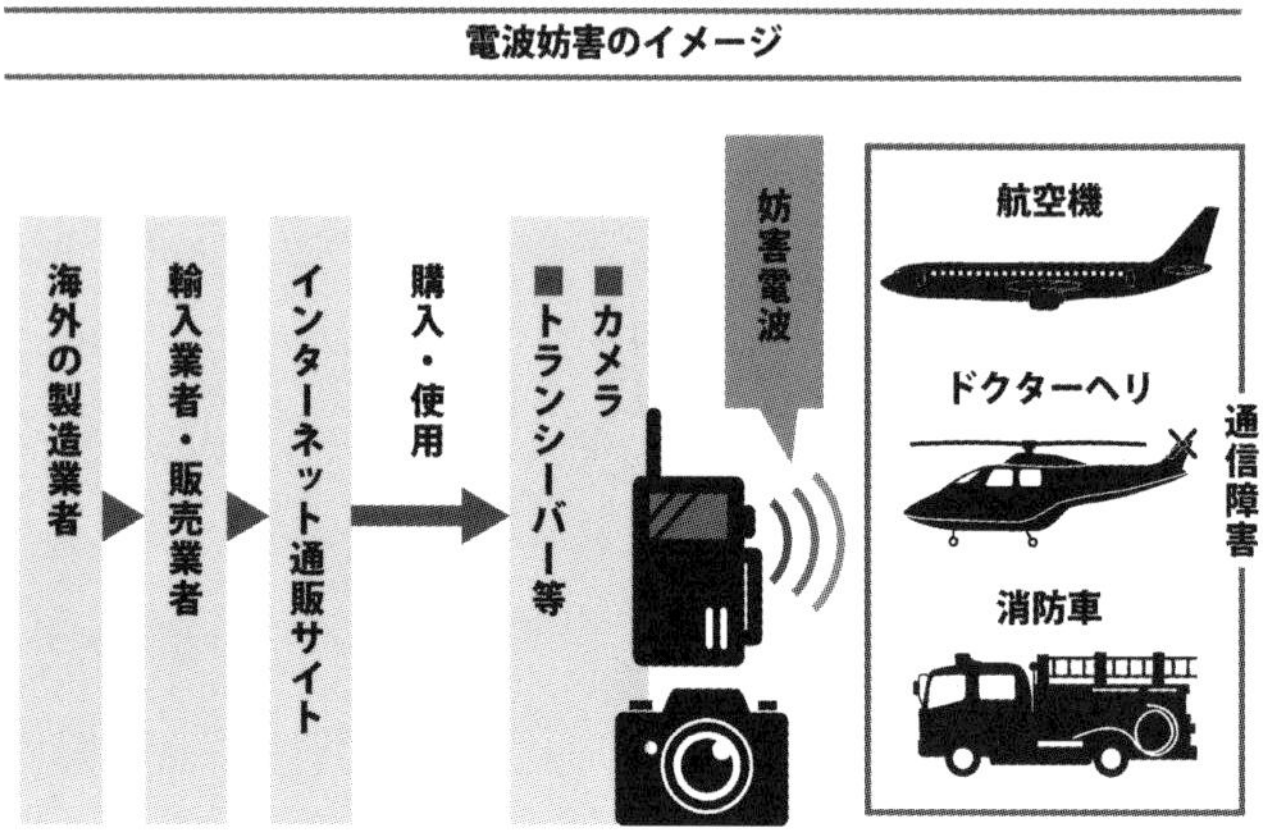

いる。電波法で定められた基準に適合しない機器をインターネットで購入し、気づかずに使用している例が目立つ。総務省は『規格外の機器の使用は多くの人の命を危険にさらしかねない』と注意を呼びかけている」

引用：読売新聞オンライン「遠く離れた飛行機に影響する電波妨害のイメージとは」…規格外の海外製カメラや無線機、知らぬ間に電波妨害」2022年4月14日

■電波法認証とは電波妨害を防ぐための法律

日本では、航空機や医療機器、救急車、人工衛星など数多くの電波使用機器が存在しています。それらの電波を妨害するものが存在すると、引用のような重要電波機器に障害が及び、それによって社会に混乱が起きる可能性があります。

例えば、航空機で誤作動が生じたり、医療機器に

計測ミスなどがあれば人命に関わる問題です。

そのため、お互いの電波が干渉しないように、一般ユーザーが使うような無線電波機器にも割り当てられている周波数帯域があり、その中で使用されていれば特に問題ないということになります。

一方、使用する商品が割り当てられた周波数帯域の中に収められているどうかを確認するために、電波法認証（検査）をする必要があります。特に、海外製品では日本の周波数帯域を考慮していないものも多くあるので、それを確認するためにも電波法認証があります。

仮に、電波の出力容量が小さく、期間限定のものであっても社会への悪影響を考えたら、例え罰せられるのがユーザーだとしても、事業者として違法無線を使うという選択肢できないでしょう。また、自国には何ら悪影響を出さない海外の違法無線機器の悪質さということもご理解いただけると思います。

■技適未取得機器を用いた実験等の特例制度について

ＥＣサイトでの販売を主としている方にはあまり縁がない話かもしれませんが、情報としてお伝えしておきます。無線電波を発する機器には電波法認証が必要ということがわかりますが、それでも何でもかんでも許認可認証をするのは費用や手間が大変、というのが一般的な見解だと思います。

そうした際、決められた一定エリア内で１８０日以内であれば、認証未取得でも実証実験ができる制度が存在します。単品での商品販売だけではなく、事業単位での無線電波の商品を使う計画があるようでしたら、管轄する総務省に問い合わせてみてください。

9　許認可認証の有効期限は？現在は対象外でも法律が変わる可能性は高い

一度試験した丸形ＰＳＥ（の証明書）に関する有効期限はありません。つまり、一度試験合格してしまえば、以降その効力は継続し、販売を続けることができます。もちろん、その間何もしなくてもいいということではなく、商品がＰＳＥの基準を満足したつくりになっているかの確認は販売する限り必要です。

一方で、試験の技術基準となる試験規格が追加・更新された時点で、新しい規格・試験を追加・新規で行う必要があります。そして、その法改正は実は頻繁に行われている半面、事業者に対して直接連絡があるわけではないので、自ら確認が必要です。

■電気消毒器の技術基準・試験の内容の追加

最近あった改正としては、２０２１年12月28日付でＰＳＥ電気用品安全法 別表8における、殺菌灯（ＵＶランプ）を有する電気消毒器（光源及び光源応用機械器具）の器体外に直接殺菌灯の光線を照射する構造のものを電気用品安全法の規制対象として取り扱うことを明確にすべく、法改正が行われました。１年間の据え置き期間を経て、昨年２０２２年末に正式に施行されています。

【図表 78　モバイルバッテリーによる事故にご注意】

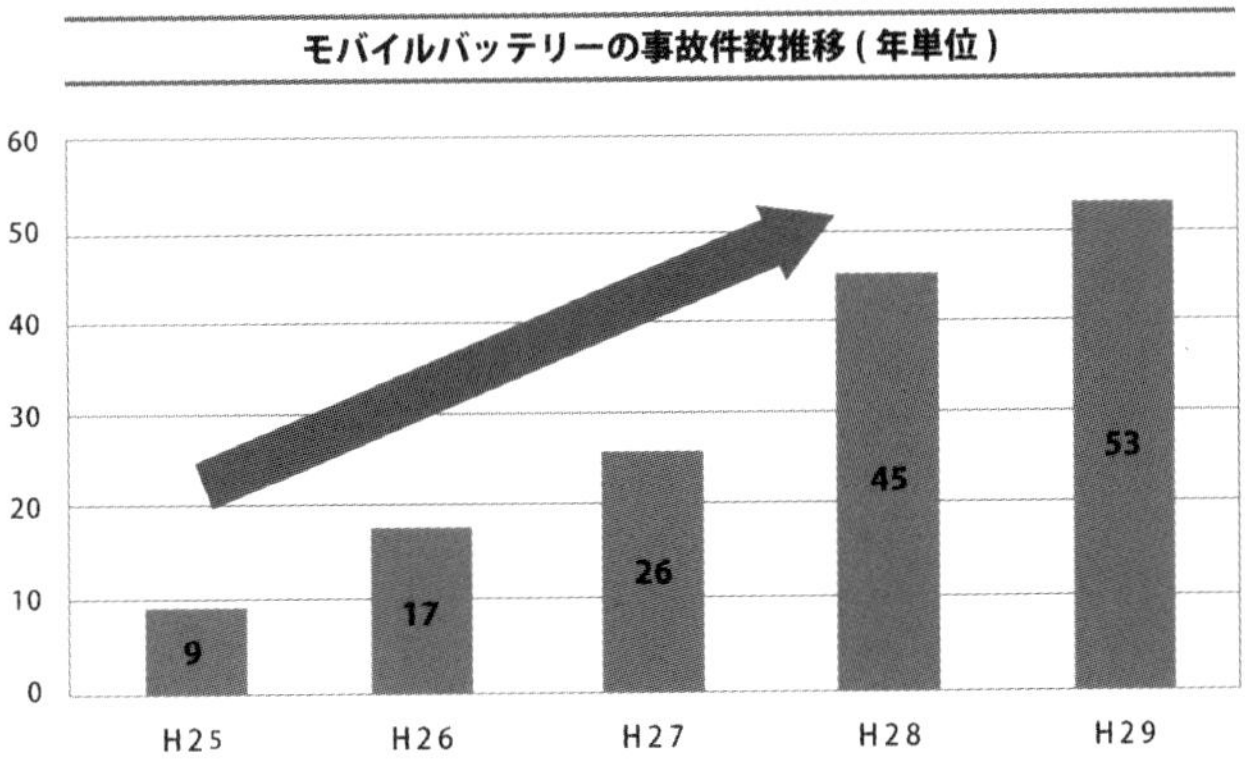

出典：NITE（独立行政法人製品評価技術基盤機構）

引用：経済産業省＿電気用品安全法

ＵＶランプは人間の目に直接触れると危険なので、ランプ（照明）が機体外に直接漏れない構造になっていることが技術基準となっていました。

しかし、近年に様々な構造の商品が増加しており、かなり詳細な技術基準が追加され、それを満たしているかを証明するための試験が追加されました。

■元々、モバイルバッテリー（リチウムイオン蓄電池）はＰＳＥ対象ではなかった

本書でも何度か登場しているモバイルバッテリー（リチウムイオン蓄電池）。実は、２０１９年２月までＰＳＥ対象ではありませんでした。

スマホやパソコンの充電ツール、災害時などの電源供給ツールとして、リチウムイオン電池を使用するモバイルバッテリーの必要性・重要性は近年急速高まり、販売業者が急増。その一方で、電

池の発火事故などが相次ぎ、経済産業省は、モバイルバッテリーは安全性を担保するためにPSEの規制対象としました。

法制化直前にPSE認証されていないモバイルバッテリーが、インターネット上で投げ売りされる問題も発生していました。

なお、モバイルバッテリーについては、来年2024年8月から新しい法律が施行される予定になっており、一段と検査基準が厳しくなる見込みです。現在、それだけモバイルバッテリーの事故が社会の問題になっています。

■その他の許認可認証の有効期限は?

菱形PSEは証明書発行より5年もしくは7年という明確な期限がある一方で、前述したような規格変更があれば再試験・追加試験の可能性もあります。

また、電波法や食品衛生法については使用部品など商品内容に変更がなければ、基本的にそのまま継続的に適用されます。

なお、当社が扱ったPSCレーザーの有効期限は3年でした。正直、3年というのは短すぎるという気もしますが、国の法制度がそうなっている以上は仕方ありません。一方で、そうした事実を以てプレイヤーが少なくなるのであれば、それはそれでビジネスチャンスがあるわけなので、いろいろ情報を得て、進むべき経営判断をしていってください。

10　ビジネスを長く続けたいなら、許認可認証との付き合いは絶対に必須

■食品に関する法律（輸入規制）

本書では、主にＰＳＥ、ＰＳＣ、電波法、食品衛生法（食品機器）に関してお伝えしていましたが、当然、日本（国家）においてはまだまだ数多くの法規制（許認可認証）が存在しています。

参考までに食品に関する法律を見てみましょう。

食品衛生法、植物防疫法、家畜伝染病予防法、水産資源保護法、酒税法、塩事業法など、扱う品種によって、かなり多くの法律が存在しています。１つひとつの説明はしませんが、ひとまずこういった種類の法律があるのだと理解しておいていただければと思います。

結局、これだけの種類の法律が存在し、国民・生活者の安全性が守られているのです。それぞれの法律をクリアするために相応のコストを支払う必要があります。

ちなみに、物販で大成功されている輸入貿易の先輩から「塩」を扱った経験について聞いたことがありました。図表79にもあるように塩事業法というものがあり、「塩を輸入するには、商品代金以外にお金を払うんだけど、こういうのは絶対に真面目にやったほうがいい」とアドバイスしてくれたことをよく覚えています。

一方で、タイから（定期的に）果物を仕入れていた業者さんが通関手続をミスり、何万トン単位

【図表 79　食品の輸入に関する法律】

食品の輸入に関する主な法律

	食品衛生法	植物防疫法	家畜伝染病予防法	外国為替及び外国貿易法	その他
野菜・果実・種実類・穀類・豆類・茶 コーヒー豆（生豆） ハーブ・スパイス等	○	○		△	
食肉・食肉製品 乳製品等	○		○	△	
水産物	○			△	水産流通適正化法
水産動物	△				水産資源保護法
酒類	○				酒税法
米穀・麦等	○	○			主要食糧の需要及び価格の安定に関する法律
塩	○				塩事業法
砂糖・でん粉 加糖調整品	○				砂糖及びでん粉の価格調整に関する法律
指定乳製品（バター・脱脂粉乳等）	○		○		畜産経営の安定に関する法律
その他の加工食品	○	△	△	△	

引用：一般社団法人　対日貿易投資交流会促進協会（ミプロ）食品輸入の手引き 2023

で廃棄処分をせざるを得なくなり、ビジネスがストップした事例がありました。関係者からすると、その会社の担当者の至らなさ加減に呆れかえっていました。

■何のビジネス（貿易）をするにしても、結局、費用（手数料）は発生してしまう

ＥＣサイトビジネスをどこまでやるかにもよりますが、プレイヤーが増えてくると差別化を図るために、個人の事業者でも法律を絡めて売るようになる時代に突入していると感じています。そして法律を絡めるようになると、（許認可認証が必要になるなど）相応のコスト（手数料）が発生してくることは必然となってきます。

もちろん、利益を残すためにはできる限りコストは避けたいというのは事業者としては当然の気持ちでしょうが、むしろ、何のコストも発生しないで販売できる方が珍しいですし、逆にそうした商品はすぐに真似されてしまう可能性は高いです。

ただ、そうは言っても無尽蔵にお金を払うというのも間違っており、本書のような専門書籍で法制度や関連事業者の情報などを学んでいただき、どうしたらリーズナブルにビジネスを進められるかを実践していっていただければと思います。

ポジショントークのようですが、実際問題として違法は必ず淘汰され、成功している人は必ず遵法しているという歴々の事実があるわけです。本書をお読みの皆さんには、本書で学び、必ず成功者の方に入っていただきたいと考えています。

■生活に密着している許認可認証をうまく使いこなそう

手前味噌で恐縮ですが、当社の自己紹介で掲載している文章を最後に引用させていただきます。この文章は、当社にお問い合わせいただく方からも「許認可認証の捉え方を理解できた」と言っていただく機会が多くあります。

初めて許認可認証する方にとって、その検査費用などは過剰請求されていると感じることも多いでしょうが、結局それはライセンス費用であり、少し格好をつけた言い方をすると、ユーザーの安全性を保てる事業者であるかの登録料のようなものだと感じています。

引用文の中にあるように、許認可認証の制度破壊、価格破壊ということは現実的ではなく、本書で学び知識・情報を得て正しく使いこなせるようになっていっていただきたいと考えています。

【日本の許認可認証の世界に情報の民主化を起こす】

当社のホームページに掲載されているだけでも、PSE、PSC、電波法、JIS、食品衛生法、計量法、薬機法（医療機器）など数多くの許認可認証が日本国内に存在しています。こうした許認可は我々の暮らしの中に深く根差し、また生活を守ってくれる存在でもあるなど、切っても切り離せないものとなっています。

一方で、いい意味でも悪い意味でも許認可という規制に保護されているのが現在日本であり、

ある種の既得権益を生んでいることも否めません。また、許認可に関する一連の情報がまとめられているものが少なく、散らばっている情報を1つひとつ読んでも断片的な知識を得ることしかできません。

消費者の暮らしが守られる一方で、一定の事業者のものだけになり新規事業者の参入が非常に難しい許認可認証の分野、私はこれを非常に問題だと感じています。極論を言えば、こうしたところから日本経済の新陳代謝が遅れていると危惧しています。

各制度に関する情報はある程度知ることができても、実際にどうやって自身にとって必要な認証取得をできるのかわからず、認証取得したい新規参入事業者にとっては時間ばかりがかかってしまいます。（中略）

このように新規参入事業者にとって、情報の壁は厳然と立ちふさがっているのです。しかし、経済産業省、総務省、厚生労働省など、認証を管理する側からすると、国民の生命・生活を脅かす可能性のある製品を扱うからには、各人の責任において、自らが調べて、自ら検査手配をして、自らが正しい手続を行うべきだという断固たる主張を持っています。それをポジショントークだと感じる一方で、一理あることも否めません。

認証の制度・仕組みというものは何十年も続いているもので、そこには多くの人間も関わっており、現状では当社の働きだけで費用の価格破壊や、法律の改正などを行うことは難しいというのが実情です。（中略）

そうすることで、今まである意味で聖域だった日本の許認可認証の世界に情報の民主化を起こしていく。それが当社の使命です。そしてそれが、今後のより良い日本のビジネスシーンを創る第一歩になると信じ、日々活動しています。

■事業者としての新しいステージを見る第一歩に

当社にご相談に来られるお客様は、当然、許認可認証をされたい方々なのですが、業種や会社規模などは本当に様々です。冒頭でも書いたように、ＥＣ事業者の方から、中小・中堅企業、スタートアップ企業、上場企業など多種多様にわたっています。一方で、当社にお問い合わせいただいた理由をお聞きしていると、「これまでのビジネス（商品）では立ちゆかなくなってきているので、少しずつでも新規事業をする必要があります。それには、許認可認証を絡めたものが最適ですが、そのやりかたがさっぱりわからず、ご相談に来ました」という内容ばかり。

当社文章の中にもあるように、これまで許認可認証の世界は複雑怪奇な聖域でありました。しかし、それでもまだそこを遠ざけてもなんとかやっていける時代でしたが、ライバルがひしめき合う昨今において、ビジネスをする以上はこれまでと違う領域に向かわねばならず、その聖域とも向き合う必要が生じてきています。

そして、そこに挑んだ人たちから順に新しい世界を迎えています。本書をお読みの皆様も、是非ここで得た知識を行動の源泉に変えて、どんどん新しい世界に挑んでいただければと思います。

おわりに

最後までお読みいただきましてありがとうございました。国の許認可認証や規制などは社会の秩序や安心・安全に欠かせないものであると感じる一方で、正直、既得権益を生む砦になっているという気持ちも持ち合わせています。

しかし、仮に、それらが一気になくなってしまったとすると、危険な違法品が増加し社会の安全性は保てなくなるでしょうし、関連する人たちの雇用もなくなってしまいますし、独自の規制がない国というのはむしろ先進国としての国際的信用力の失墜につながりかねません。つまり、現実的ではないということです。

そうなると、ECサイトを運営するうえで重要なことは、許認可認証とどうやってうまく付き合っていくかということです。決して、扱う商品をすべて認証製品に切り替える必要はなく、どれか1つ肝いり商品を持つというやり方も有用だと思います。大事なことは、法を犯さず、正しいやり方で、ライバルが少ない環境をつくり、高収益商品を継続的に販売していくことです。そのためには、許認可認証に関する知識と情報が必要です。

この度、セルバ出版様とご縁があり、こうした当社の思いを書籍という形にすることができました。本書製作あたり携わっていただいたすべての皆様に感謝申し上げます。

世の中の環境変化は著しく早く、商品のライフサイクルのスピードも加速し続けていますが、許認可認証はその商品1つひとつに必要です。しかし、そのすべてに手を出していたら資金も手間もとても間に合いません。一方で、どれか「これだ！」と思ったものが、ベストセラー・ロングヒットになる可能性は十分にあります。

大事なことは、許認可認証の知識と情報、そしてそれを実現できるリソースを有しておきながら、いざとなったいつでも行動できる環境をつくっておくことです。それが高収益実現のＥＣサイト運営のコツになります。

本書では許認可認証の基礎を惜しみなく記載したつもりではありますが、個別案件ごとに進め方、確認内容はどうしても違ってきてしまいます。また、「事業者の方の第一歩をサポート」という視点で書いておりますので、各種専門家の方から見ると、内容が薄いと感じられる部分があるかもしれません。その点は予め申し上げておきます。

なお、実際に許認可認証に進まれた方・検討されている方におかれまして、私の方で少しでもお力添えできる部分があれば、ぜひお声掛けいただければと思います。複雑な許認可認証をできる限りスムーズに、適正価格で進められるよう、個別にご提案させていただきます。一緒に認証チームを構築し、より充実したＥＣサイト運営を行っていきましょう。ご要望ございましたら、当社ホームページのお問合せフォームからご連絡をお願いします。

最後になりますが、当社の認証代行実務を執り行ってくれている稽書文さん、今まで本当にありがとうございます。貴方のおかげで当社の認証ビジネスが発展し、書籍を発行するまでとなりました。これからもどうぞよろしくお願いします。
本書とこのような活動により、少しでも多くのＥＣサイト運営者の方のお役に立ち、日本のビジネスシーンや社会の充実、安心・安全に貢献できる部分があれば望外の喜びです。

INSIGHT WORKS 株式会社　代表取締役　堀　雄太

著者略歴

堀　雄太（ほり　ゆうた）

INSIGHT WORKS 株式会社 代表取締役。ファブレスコンサルタント®、知的財産運用コンサルタント®、認証ブランディング士、ＰＳＥブランディング士（ともに商標出願中）
明治学院大学卒業後、ダイエー系印刷会社入社。その後、JETRO（独立行政法人日本貿易振興機構）を経て、INSIGHT WORKS 株式会社を設立。電気用品（ＰＳＥ）をはじめ、Bluetooth・Wi-Fi 製品（電波法）、危険物製品（ＰＳＣ）、計量法、食品衛生法、日本産業規格（ＪＩＳ）など、日本における許認可認証の取得代行事業を展開。同時に、欧州、アメリカ、中国、ASEAN などの世界各地の認証事業も展開。許認可認証はニッチな分野であるが、顧客は、個人事業主から中小・中堅企業、海外企業、スタートアップ企業、そして上場企業まで幅広い。これまでの許認可相談件数は 1000 件以上。そのほか、許認可認証を進めるための中国ビジネスにおける独自のネットワークを有している。
「認証の原理原則」にて許認可認証におけるリアルな情報を公開している。

https://principles-certification.com/　　info@insightworks.co.jp

値下げをせずに競争力の強い「許認可認証商品」をECサイトで売る方法

2023年7月14日　初版発行

著　者　堀　雄太　© Yuta Hori

発行人　森　忠順

発行所　株式会社 セルバ出版
〒 113-0034
東京都文京区湯島 1 丁目 12 番 6 号 高関ビル 5 B
☎ 03（5812）1178　FAX 03（5812）1188
http://www.seluba.co.jp/

発　売　株式会社 三省堂書店／創英社
〒 101-0051
東京都千代田区神田神保町 1 丁目 1 番地
☎ 03（3291）2295　FAX 03（3292）7687

印刷・製本　株式会社丸井工文社

Printed in JAPAN
ISBN978-4-86367-823-1